펭귄쌤과 함께 떠나는
우리 근현대사 여행

펭귄쌤과 함께 떠나는

우리 근현대사 여행

황인희 글, 윤상구 사진

기파랑

우리 근현대사를
공부하는
청소년들에게

청소년 여러분, 만나서 정말 반갑습니다. 이 글을 읽는 청소년은
역사 공부를 열심히 하려는 열정을 가진 사람들이겠지요? 그
래서 더욱 반갑습니다.

우리나라에서는 많은 사람이 교육에 관심을 가지고 있습니다. 그
만큼 교육열도 높고 교육의 문제점을 지적하는 사람도 많습니다. 그
중 특히 역사 교과서 문제로 논란이 많지요. 그것도 먼 옛날이 아
닌 가장 가까운 시대인 근현대사에 대한 엇갈린 주장이 문제가 되
고 있습니다.

그런데 실제 교육 현장의 사정을 들어보면, 대부분의 학생이 우
리 근현대사를 제대로 배울 시간이 없다는 것이 더 심각한 문제라
고 합니다. 많은 학교의 교과 과정은 2학기 기말 고사의 시험 범위가
1894년 갑오개혁에서 끝나도록 되어 있다는 것이지요. 정말 이런 상
황이 일반적이라면 대부분의 학생이 근대사를, 특히 현대사를 제대
로 배우지도 못하고 학교를 졸업한다는 얘기입니다.

　　그러나 우리가 살고 있는 현재와 가장 가까운 시대의 역사는 우리가 그 어떤 시대보다 열심히 공부해야 합니다. 가까운 과거에 일어난 일이므로 우리가 참고하고 거울로 삼을 가치가 더욱 더 크기 때문입니다. 그런 의미에서 저는 근현대사만을 뽑아서 다룬 이 책을 청소년 여러분에게 적극적으로 권합니다.

　　제가 청소년일 때 역사에 대해 가졌던 한 가지 의문이 있습니다.

　　'현대사는 실제로 그 시대를 겪은 사람들이 여전히 살아 있는데 왜 그 내용이 분명하지 못한 걸까?'

　　여러분 중에도 이 점을 의아하게 생각하는 사람이 있을 것입니다. 제가 생각한 그 이유는, 역사를 이야기할 때 자기가 옳다고 생각하는 한편만을 강조하여 드러내기 때문입니다. 예를 들자면 역대 대통령의 경우, 누구나 공로도 있고 과오도 있습니다. 그러면 그 공과 과를 객관적으로 이야기하면 되지요. 그런데 어떤 사람은 공로만 이야기하고, 또 어떤 사람은 과오만 이야기해서 아주 나쁜 사람이라

고 못박아버립니다. 다른 역사적 사건에 대한 평가도 마찬가지입니다. 그 평가가 자신이 공부하고 판단하여 내리는 것이 아니라는 점도 큰 문제입니다.

또 하나의 문제는 많은 역사 선생님이 우리의 역사, 특히 현대사를 부정적으로 가르친다는 점입니다. 이런 역사 교육은, 청소년 여러분이 이 땅에, 이 나라에 살고 있다는 사실을 비관적으로 받아들이게 만들 수도 있습니다. 물론 없는 이야기를 지어내서 우리 역사를 무조건 미화하자는 것은 아닙니다. 비판할 것은 비판하되 자랑스러운 역사는 충분히 자랑스러워하자는 것입니다. 또 부끄러운 역사라고 아예 없었던 일로 부정하는 경우도 있어서는 안 됩니다. 우리 조상들이 왜 그런 일을 겪게 되었는지 잘 생각하여 우리의 미래에 참고로 삼아야 합니다.

그러려면 어떻게 해야 할까요? 역사 공부를 더 열심히 해야 합니다. 어떤 역사적 인물이나 사건에 대해서도 공부를 많이 한 후에 평

가해야 합니다. 그래야 제대로 된 평가를 할 수 있습니다. 청소년 여러분이 근현대사에 대한 균형 있는 시선을 갖추고 역사를 올바로 평가하는 데 이 책이 큰 도움이 되기를 기대합니다.

끝으로 이 글들을 한국경제신문 생글생글에 연재할 수 있도록 해주신 고기완 부장님, 멋진 사진들로 원고를 더욱 빛나게 해준 사진작가 윤상구 님, 이 책을 펴내주신 도서출판 기파랑의 안병훈 사장님과 관계자들께 감사의 인사를 드립니다. 또 〈대한민국 역사〉(기파랑)를 통해 이 책을 쓰는 동안 저에게 지침을 주신 경제학자 이영훈 선생님께 무한한 존경을 담아 감사의 인사를 드립니다.

2017년 8월

황인희

1
강화도조약으로 시작된 조선의 근대

우리 역사에서 근대(近代)는 언제부터 시작되었을까요? 그에 대한 확실한 답은 없습니다. 두부를 자르듯 딱 떨어지게 시대를 구분할 수 없기 때문입니다. 글자 그대로 풀이하면 '근대'는 우리가 살고 있는 현대와 '가까운 시대'입니다. 근대 사회에는 그 이전의 사회와 어떤 점이 달라진 것일까요? 근대의 가장 큰 특징으로는 정치적으로 민주주의가, 경제적으로 자본주의 체제가 도입되었다는 점을 꼽을 수 있습니다.

우리 역사에서의 근대는 1876년(고종13)부터 시작되었다고 보는 사람이 많습니다. 그해 조선은 일본과 강화도조약을 맺었습니다. 이 조약은 일본의 힘에 떠밀려서 맺은 불평등 조약입니다. 하지만 이 조약으로 조선의 항구가 열리고 서양의 문물이 물밀 듯 들어오면서 조선의 근대화가 시작되었다고 보는 것입니다.

◀ 강화도 초지진. 강화도조약을 맺게 만든 운요호 사건은 초지진 전투에서부터 시작되었다.

▲경복궁 자경전의 꽃담. 흥선대원군은 아들을 왕위에 올려준 데 대한 보답으로 자경전을 신정왕후에게 바쳤다.

　한편 신분 제도와 노비 제도가 폐지된 갑오개혁(1894)을 근대의 시작으로 보는 사람도 있습니다. 그래서 갑오개혁을 경계로 우리 역사를 크게 둘로 나누기도 합니다. 전(前) 근대와 근대로 나누는 것이지요. 이 외에도 근대의 시작에 대한 다양한 학설이 있습니다.

　아무튼 우리 역사에서의 근대는 조선의 말기부터 시작되었습니다. 조선이 망하고 일본 제국주의가 한반도를 강제로 점령한 시기를 근대로, 해방 이후부터 오늘까지의 시대를 현대로 구분하는 것이지요. 그러니 펭귄쌤과 함께 떠나는 근현대사 여행은 안타깝게도 조선이 기울어가는 이야기로부터 시작해야 할 것 같습니다.

조선은 대한제국이라는 황제의 나라를 세우기도 했지만 1800년대 초부터 이미 망하는 길로 접어들고 있었습니다. 강력한 왕권으로 나라의 질서를 세우고 학문과 국방, 예술 등 다양한 분야에서 발전을 이뤄냈던 제22대 임금 정조가 세상을 떠난 후부터였지요. 정조는 후계자를 제대로 길러내지 못하고 갑작스럽게 세상을 떠났습니다.

정조의 뒤를 이어 순조가 제23대 임금에 올랐을 때 그의 나이는 겨우 열두 살이었습니다. 영조의 왕비 정순왕후가 어린 순조를 대신해서 정치를 했는데 정순왕후는 정조와 원수지간이었습니다. 정순왕후는 정조가 애써 이뤄놓은 정치 질서를 부정하고 정조의 개혁 방향과 반대로 가는 정치를 했습니다.

그 무렵 유럽에서는 프랑스 혁명이 일어난 후 나폴레옹에 의해 새로운 질서가 만들어지고 있었습니다. 영국은 산업혁명으로 공장의 기계화를 이루며 해상 강국으로 발돋움하고 있었고 전쟁을 통해 이미 독립을 얻어낸 미국은 안정을 찾아가고 있었습니다. 다시 말해 서양 여러 나라는 숨가쁘게 근대 문화를 발전시키며 강대국으로 그 입지를 다지고 있을 때였습니다.

당시 조선은 서둘러 앞으로 나아가도 세계의 흐름에 발맞추기 어려울 상황이었습니다. 그런데 정순왕후는 시계 바늘을 오히려 뒤로 돌아가게 했지요. 그 때문에 정조와 그 이전의 임금들이 애써 이뤄놓은 찬란한 부흥의 역사는 하루아침에 허물어지고 말았습니다.

이 일 말고도 순조 때 이후 조선에는 수많은 불행이 닥쳤습니다. 일단 임금들은 수명이 짧았고 자손도 번성하지 못했습니다. 순조와 헌종, 철종 모두 아들을 앞세우거나 아예 아들을 낳지 못했습니다. 조선 초기의 임금들이 아들을 많이 낳았던 것(태조 8남, 정종 17남, 태종 12남, 세종 18남)에 비하면 왕실의 기운 자체가 약해졌다는 느낌이 확연합니다.

게다가 조선 말기에는 천재지변도 잦았지요. 제24대 임금 헌종이 재위한 15년 동안에는 9년에 걸쳐 수재가 일어났습니다. 농업이 산업의 대부분을 차지하던 당시에는 흉년이 들면 백성들은 엄청난 고통을 당했습니다. 당장 먹고 살기가 어려워지니까요.

물론 천재지변이 잦다고 해서 모든 나라가 다 망하는 것은 아닙니다. 문제는 천재지변에 대처하는 정치가와 관리들의 태도입니다. 백성이 고통을 받든 말든 자신의 배만 부르면 된다는 탐관오리가 많으면 그 나라는 망국의 길을 걸을 수밖에 없습니다.

어린 임금이 계속 즉위하면서 대비의 수렴청정이 계속되었고 이는 세도 정치의 빌미를 마련했습니다. 세도 정치는 특정한 한 집안이 정권을 독차지하는 것을 말합니다. 여러 당파로 나뉘어 만날 싸우는 것도 문제이지만 경쟁자가 없는 사회에서도 문제가 발생합니다. 멋대로 권력을 휘둘러도 말리는 사람이 없기 때문이지요.

안동 김씨의 세도 정치가 이뤄지는 동안 정치는 극도로 문란해졌습니다. 관리들은 부정부패를 일삼았고 관직을 사고파는 일도 흔하게 일어났습니다. 큰돈을 주고 관직을 산 사람은 그 본전을 뽑기 위해 백성들에게 가혹하게 세금을 거둬들였습니다. 백성의 삶은 말할 수 없이 피폐해졌고 그들의 마음속에는 나라에 대한 불만과 불신이 가득 찼습니다. 이런 상황들로 인해 조선은 급속히 몰락의 길을 걷게 되었습니다.

60여 년 동안 지속되던 안동 김씨의 세도 정치를 끝내는 데 큰 힘을 발휘한 사람은 헌종의 어머니인 신정왕후와 흥선군 이하응이 었습니다. 당시 안동 김씨는 자신들의 일에 방해가 되는 사람은 모두 제거해버렸습니다. 왕실의 종친도 예외는 아니었지요. 왕족이었던 이하응은 안동 김씨들을 방심하게 하여 살아남을 수 있었습니다. 안동 김씨가 가랑이 사이로 기어가라면 기어가는 시늉도 했고 개 짖는 시늉도 해서 '상갓집 개 궁도령'이라는 별명까지 얻었습니다.

　　풍양 조씨였던 신정왕후는 안동 김씨 몰래 흥선군과 손을 잡고 흥선군의 아들 이명복(李命福)을 양자로 삼았습니다. 명복은 신정왕후의 아들로서 임금의 자리에 올랐습니다. 그가 바로 제26대 임금 고종입니다. 고종을 빼놓고는 조선의 망국을 이야기할 수 없습니다. 조선이 본격적으로 망국의 길을 걷게 한 수많은 사건은 거의 고종 때 일어났기 때문입니다.

2
쇄국 정책과 개방 정책

조선의 제26대 고종이 임금이 되었을 때의 나이는 12세였습니다. 원래 미성년이 임금이 되면 대비가 발을 내리고 그 뒤에서 정치를 돕는 수렴청정을 해야 합니다. 그런데 대비가 된 신정왕후는 수렴청정을 하지 않았습니다. 대신 고종의 아버지인 흥선대원군에게 섭정을 하게 했습니다. '대원군'이란 자신은 왕이 아니었지만 아들이 왕위에 오른 경우 그 아버지를 일컫는 말입니다. 조선의 대원군들 중 정치에 직접 나선 사람은 흥선대원군 밖에 없으므로 보통 '대원군'하면 흥선대원군을 가리킵니다.

흥선대원군이 가장 먼저 시작한 개혁은 안동 김씨 세력을 몰아내고 땅에 떨어진 왕권을 회복하는 것이었습니다. 그는 집안이나 당파에 상관없이 인재를 고루 등용하였고, 당쟁의 근거지가 되는 서원을 철폐했습니다. 서원은 지방에 있던 유학자들의 사설 교육기관이었습니다. 그런데 그 서원을 중심으로 자기들끼리 똘똘 뭉쳐 파당

◀ 경복궁 광화문. 흥선대원군은 왕실의 권위를 세우려 임진왜란 때 불타버린 경복궁을 다시 지었다.

▲ 경복궁 수문장 교대식. 흥선대원군이 섭정에서 물러난 후 민씨 집안 사람들이 조정을 장악했다.

을 만들고 다른 파당과 싸우는 일이 잦아서 문제가 되고 있었던 것입니다.

　흥선대원군은 이름 없는 세금과 궁중에 특산물을 바치는 진상 제도도 없애서 백성들의 부담을 줄였습니다. 흥선대원군이 한 일 가운데 가장 대담한 일은 양반들에게서도 세금을 거둬들인 것입니다. 가난한 평민은 세금을 내는데 상대적으로 더 부유한 양반들은 오히려 세금을 안내는 모순된 일이 그때까지 당연하게 여겨지고 있었지요. 흥선대원군은 이렇게 세도 정치를 몰아내고 민심을 수습했으며 국가 재정도 늘려나가는 등 개혁을 펼쳤습니다. 안동 김씨의 세도 정치로 망국으로 치닫던 조선의 국운이 흥선대원군에 의해 회복세로 돌아서는 듯 했습니다.

그러나 흥선대원군이 잘못한 일도 많았지요. 왕실의 권위를 세우려 벌인 일들이 백성들의 삶에 무리를 준 것입니다. 우선 임진왜란 때 불타버린 경복궁을 다시 세우는 데 필요한 자금을 만들어내는 것도 문제였습니다. 흥선대원군은 공사비를 마련하기 위해 당백전이라는 돈을 발행했는데 그 때문에 화폐 가치가 폭락해버렸습니다. 또 도성의 4대문에서 통행세를 거뒀고 주인의 허락도 없이 전국의 커다란 돌과 나무를 궁궐 짓는 자재로 거둬들여 백성들의 원망을 사기도 했습니다.

어느 나라나 백성들을 잘 살게 해주면 왕실의 권위는 자연스럽게 이룩됩니다. 하지만 흥선대원군은 우선 당장 눈앞에 보이는 웅장한 궁궐이나 거대한 왕릉 등이 왕실의 권위를 세워줄 수 있다고 생각했지요. 그런 근시안적인 생각이 흥선대원군을 실패로 이끌었습니다.

천주교 박해령을 내려 6년 동안 8천여 명의 신자를 학살한 것도 그의 커다란 잘못이었습니다. 나라 안 민심을 흉흉하게 만든 것도 큰 일인 데다 프랑스 등 서양의 국가들이 조선을 침략하게 하는 빌미를 제공했기 때문이지요. 미국은 신미양요를 통해, 프랑스는 병인양요를 통해 조선을 침략해왔습니다. '양요(洋擾)'란 서양 사람들이 일으킨 소동이란 뜻입니다. 조선은 소동이라고 여겼지만 그들은 서로 거래를 터서 통상을 하자는 명분으로 침략해왔습니다. 그러나 흥선대원군은 서양 사람들의 요청을 받아들이지 않았습니다. 나라의 문을 꽁꽁 걸어 잠그는 쇄국 정책을 더욱 강화한 것입니다.

흥선대원군과 고종의 왕비(명성황후) 사이의 갈등도 조선이 국력을 하나로 모으는 데 방해가 되었습니다. 명성황후는 9세 때 부모를 여읜 고아였습니다. 16세에 왕비로 간택되었는데 명성황후를 선택한 사람은 바로 흥선대원군이었습니다. 부모형제도 없고 별로 대단치 않은 집안의 딸이 왕비가 된다면 외척의 세도 정치를 막을 수 있다고 생각해서였습니다.

그러나 명성황후는 자기 집안 사람을 최대한 많이 끌어들였습니다. 뿐만 아니라 풍양 조씨와 안동 김씨 집안의 사람들, 고종의 형인 이재면, 유림의 대학자인 최익현 등과도 손을 잡았습니다. 흥선대원군이 서원을 철폐하였기 때문에 유학자들은 그에 대해 무척 불만이 많았던 터입니다.

▼ **동구릉의 수릉**(경기도 구리시 동구릉로). 고종의 양부모인 신정왕후와 효명세자의 능이다.

1868년 고종은 기다리던 왕자를 얻었습니다. 그런데 첫 왕자의 어머니는 명성황후가 아니었습니다. 이씨 성을 가진 상궁이 먼저 아들을 낳은 것이지요. 왕비의 아들이 아니었지만 흥선대원군은 이 아이 완화군을 원자로 책봉하려 했습니다. 이때부터 명성황후와 흥선대원군 사이는 완전히 틀어지고 말았습니다.

1873년 최익현은 대원군의 퇴진을 요구하는 상소를 올렸습니다. 우선 경복궁 중건 사업으로 백성들이 도탄에 빠지게 된 책임을 물었습니다. 그리고 고종이 22세로 직접 정치를 할 수 있는 나이가 되었으니 흥선대원군은 물러나라고 요구했지요. 무엇보다 두 번째 내용을 거스를 명분이 없었던 흥선대원군은 10년간의 섭정을 마치고 물러났습니다.

흥선대원군이 물러났다고 고종이 스스로 정치를 할 수 있게 된 것은 아니었습니다. 이번에는 민씨 집안 사람들이 조정을 장악했습니다. 그 무렵이던 1876년 일본군이 군함을 이끌고 조선의 바다에 들어와 대대적인 공격을 했습니다. 이 때문에 조선은 일본과 강화도조약을 맺고 나라의 문을 열었습니다. 강화도조약은 우리 역사 최초의 근대적 조약이지만 대표적 불평등 조약이었습니다.

민씨 일가는 흥선대원군과 달리 개방 정책을 추구했습니다. 그래서 조선은 미국, 프랑스, 러시아 등과도 잇달아 조약을 맺게 되었습니다. 열강의 힘에 밀려 조선의 문을 세계로 향해 활짝 연 것입니다.

3
임오군란, 조선 망국을 향한 결정적 사건

강화도조약으로 조선은 인천항과 부산항, 원산항을 개방했습니다. 조선의 문이 활짝 열리자 세계 여러 나라가 조선에 관심을 보였습니다. 가까이 있는 중국, 일본, 러시아는 물론 영국, 미국, 프랑스, 독일 등 저 멀리 큰 바다 건너에 있는 나라들까지 기다렸다는 듯 조선으로 모여들었지요. 그들은 겉으로는 서로 물건을 사고파는 교역을 원한다고 했지만 속마음은 달랐습니다. 조선에 있는 자원을 독차지하여 헐값에 가져가거나 아예 식민지로 만들 기회를 노리고 접근한 것입니다.

고종은 정부 조직과 군대 조직을 개혁하고 선진 문물을 배워 들이기 위해 일본에 신사유람단과 수신사를 보냈습니다. 고종이 개화정책을 펴는 과정에 가장 적극적으로 정치적·경제적 침략을 해온 나라는 일본이었습니다.

◀ 대마도의 수선사에 있는 최익현의 순국비. '대한인 최익현 선생 순국지묘'라고 새겨져 있다.

개화의 바람이 다른 나라들의 침탈과 함께 불어닥치자 개화에 반발하는 세력이 나타났습니다. 그 대표적인 세력은 바로 위정척사파였습니다. '위정척사(衛正斥邪)'란 바른 것을 지키고 사악한 것을 물리치자는 뜻입니다. 여기서 사악한 것이란 서양 문물을 말하지요. 주로 유학자들을 중심으로 한 위정척사파와 서양 문명의 장점을 받아들이자고 주장한 개화파는 날카롭게 대립하기 시작했습니다.

위정척사파의 대표적 인물로 최익현을 꼽을 수 있습니다. 최익현은 흥선대원군이 섭정에서 물러나야 한다고 상소를 올렸던 사람이지요. 그는 1876년 도끼를 메고 궁궐 앞에 엎드려 개항에 반대하는 상소를 올렸습니다. 이른바 '도끼 상소'입니다. 상소를 올리는 데 도끼를 들고 오는 이유는, 자신의 말이 옳으면 받아들일 것이고 혹시

▼대마도에 있는 최익현의 유배지. 최익현은 을사조약 후 붙잡혀 가서 단식 끝에 세상을 떠났다.

잘못되었다고 생각하면 그 자리에서 자신이 가져온 도끼로 목을 치라는 의미입니다. 고종은 최익현을 흑산도로 귀양보냈지만 그 이후에도 위정척사운동은 한동안 계속되었습니다.

하지만 치열한 위정척사운동으로도 밀물처럼 밀려들어오는 외세의 물결을 막을 수는 없었습니다. 조선은 1882년까지 미국과, 영국과, 그리고 독일과 연이어 통상 조약을 맺었습니다.

조선이 망국의 길에 본격적으로 접어든 것은 임오군란 이후입니다. 1883년에 일어난 임오군란부터 1904년 러일전쟁까지 정말 여러 가지 큰 사건들이 꼬리에 꼬리를 물고 일어났지요. 그 사건들의 결과 일본이 조선에서 최종적으로 주도권을 잡았습니다. 조선에 유일하게 남은 최후의 승자였던 일본에 의해 조선이 왕조의 문을 닫게 된 것입니다.

임오군란은 '임오년에 군인들이 일으킨 난리'라는 뜻입니다. 임오군란이 일어나기 두 해 전 고종은 양반집 아들 100명을 선발하여 신식 군대인 별기군을 창설했습니다. 신식 군대는 구식 군대에 비해 훨씬 좋은 대우를 받았지요. 같은 해에 구식 군대가 해산되었는데 남아 있던 군인들도 13개월 동안이나 급료를 받지 못했습니다. 그러다 뒤늦게 급료를 주었는데 그것도 한 달분밖에 안 주면서 겨와 모래가 섞인 쌀을 나눠줬답니다. 안 그래도 신식 군대와의 차별 대우에 불만을 가지고 있던 군인들은 당연히 분노했지요. 군인들은 급료를 나눠주던 관리를 때렸고 이 일이 폭동으로 번지게 되었습니다.

크게 화가 난 군인들은 선혜청 당상이던 민겸호의 집을 습격했습니다. 민겸호는 고종의 외삼촌이면서 명성황후에게는 친척 오빠뻘인 사람이었습니다. 그는 민씨 집안 세도 정치의 중심 인물이었지요. 신식 군대 별기군을 만들었던 민겸호는 결국 임오군란 때 살해되었습니다. 군란을 일으킨 군인들은 민겸호 일당이 부정부패로 군인들의 급료를 빼돌렸다고 생각했습니다. 그에 대한 항의에서 시작된 군란은 민씨 정권과 외세에 대한 투쟁으로 발전했습니다.

호랑이의 등에 올라탄 상황이 되어버린 군인들은 거기서 멈출 수 없었습니다. 자신들을 지원할 사람은 흥선대원군밖에 없다고 생각한 군인들은 운현궁으로 몰려갔습니다. 흥선대원군은 자신이 섭정에서 물러난 후 민씨 일가가 권력을 독차지한 것을 못마땅하게 생각하고 있었는데 그런 기운을 백성들도 알고 있었던 것입니다.

흥선대원군은 기꺼이 군인들의 배후가 되어주었습니다. 민씨 집안 사람들을 몰아낼 절호의 기회라고 생각한 것이지요. 군인들은 일본 공사관을 습격하고 왕비까지 잡겠다며 창덕궁으로 몰려갔습니다. 창덕궁에서 간신히 도망 나온 왕비는 경기도 장호원에 몸을 숨겼습니다.

사태를 수습한다며 궁궐에 들어간 흥선대원군은 왕비가 죽었다며 국상을 발표했습니다. 왕비가 이미 죽은 사람이라면 누구라도 그녀를 찾아 진짜 죽여도 상관없다는 뜻이 됩니다. 또 그녀가 살아 있다 해도 다시 궁궐로 돌아오기는 힘들어지겠지요. 고종은 왕비가 생전에 입었던 옷을 가지고 장사지내도록 하였습니다. 대신들은 장례를 치르는 일이 급할 것 없다며 더 찾아보자고 했습니다.

"정말 더는 찾아볼 방도가 없다. 찾아내지 못한 것을 어떻게 하겠는가?"

고종은 이렇게 말하며 장례를 지내라고 대신들을 재촉했습니다. 아버지 흥선대원군의 뜻을 거스를 수 없었던 것입니다. 그런데 임오군란으로 되찾은 흥선대원군의 권력도 오래 가지 못했습니다. 청나라에서 흥선대원군을 납치해갔기 때문입니다. 청나라는 조선의 개방을 통해 이익을 얻으려 했는데 개방에 부정적인 흥선대원군이 권력을 잡으면 방해가 될 것이라 여겼던 것입니다. 그 후 명성황후는 창덕궁으로 돌아왔습니다. 그때부터 청나라는 본격적으로 조선의 정치에 간섭하기 시작했습니다.

4
청나라와 일본을 끌어들인 갑신정변

오군란이 진압되고 구식 군대를 지원했던 흥선대원군은 청나라로 잡혀갔습니다. 이로써 고종은 아버지에게 빼앗겼던 권력을 되찾았고 명성황후도 궁궐로 돌아왔습니다. 이렇게 큰 난리를 겪으면 대부분의 지배자는 자신의 문제가 무엇인지 돌아보고 개선하려는 노력을 하게 되지요. 역사적으로 수많은 민란과 봉기가 있었지만 그 중 성공한 경우는 흔치 않습니다. 그래도 사건 이후 권력자들의 반성과 개선의 노력, 민중의 깨달음이 조금씩이라도 있었기에 오늘날 같은 자유로운 세상으로 발전할 수 있었던 것입니다.

그런데 조선의 왕실은, 왕비의 생사를 알 수 없어서 시신 없는 장례까지 치러야 하는 큰 난리를 겪고도 달라지는 모습을 보이지 않았습니다. 난리가 진정되자 먼저 주동자를 잡아다 고문하고 사형에 처했습니다. 백성들의 고통이나 바람이 무엇인지 알려는 노력보다는 어떻게 하면 자신들의 권력을 지킬 수 있을까를 연구하는 데 골

◀ 창덕궁 성정각. 이 건물 뒤편에 개화파와 고종이 혁신 정강을 만들던 관물헌이 있다.

몰한 것입니다.

일본은 임오군란 때문에 자신들이 입은 피해에 대해 배상하라고 요구하였습니다. 공사관 시설이 부서지고 일본 외교관이 죽임을 당했다는 것입니다. 그들은 군함과 군대를 이끌고 제물포항(지금의 인천항)에 와서 조선을 위협했습니다. 조선은 어쩔 수 없이 일본과 조약을 맺게 되었지요. 바로 '제물포 조약'입니다. 이 조약의 결과 조선은 5년 동안 50만 원을 일본에 배상하고 일본이 자신들의 공사관에 군대를 두는 것을 허락해야 했습니다.

청나라는, 조선이 자신들의 속국이라고 더욱 강하게 주장했습니다. 3천 명의 군사를 조선에 데려다놓고 청나라의 황실을 배신하면 안된다고 협박하였습니다. 정치와 외교를 지도한다는 명목으로 독일인

▼창덕궁 관물헌. 고종이 어린 시절에 쓴 '집희(緝熙)'라는 현판이 붙어 있다.

묄렌도르프를 고문으로 보내서 조선의 정치에도 적극적으로 간섭하였지요. 그럼에도 조선의 왕실은 청나라에 항의 한 마디 하지 못했습니다. 청나라 덕분에 고종이 권력을 되찾았기 때문입니다.

청나라의 내정 간섭이 심해지자 조선의 개화파 인물들은 속이 타기 시작했습니다. 김옥균을 비롯한 개화파 인물들은 일본의 메이지 유신처럼 급속한 개화를 원하고 있었습니다. 그런데 청나라에 기댄 수구파가 권력을 잡았으니 기대처럼 빨리 개화를 이루기 어려워보였지요. '수구(守舊)'란 말 그대로 풀이하면 옛 것을 지키자는 뜻입니다. 물론 당시의 수구파가 변화를 거부하고 그대로 예전처럼 살자고 주장한 것은 아닙니다. 수구파는 급속한 변화보다는 중국처럼 서서히 개혁해나갈 생각을 가지고 있었습니다.

▼ **갑신정변이 시작된 우정총국 본관**(서울 종로구 우정국로).

1884년 드디어 개화파에게 기회가 찾아왔습니다. 청나라가 군사 3천 명 중 1천5백 명을 베트남으로 옮겨간 것입니다. 그때 청나라는, 베트남을 차지하려는 프랑스와 전쟁을 해야 했지요. 심지어 청나라는 이 전쟁에서 계속 지는 바람에 정신을 차릴 수가 없었습니다. 이때 일본은 개화파에게 솔깃한 제안을 했습니다. 300만 엔을 빌려주고 150명의 군대를 보내줄 테니 청나라를 몰아내자는 것이었습니다. 당시 일본 공사 다케조에 신이치로는 일본군 150명이면 청나라 군사 1천5백 명을 물리칠 수 있다고 큰소리까지 쳤습니다.

1884년 10월 17일, 이날은 우정총국 건물을 완성한 기념식을 하는 날이었습니다. 우정총국은 우리나라 최초로 근대적 우편 업무를 하기 위해 만든 관청이었지요. 이날 밤, 우정총국에서 기념 잔치가 끝나갈 무렵 담장 너머에서 불길이 일어났습니다. 그것을 보고 밖으로 뛰어나갔던 민영익이 괴한의 칼을 맞고 돌아와서 쓰러졌습니다. 민영익은 대표적인 수구파 인물이었습니다. 이 화재를 신호로 개화파는 수구파 인물들을 제거하기 시작했습니다. 이 사건이 바로 갑신정변입니다.

김옥균과 박영효, 서광범, 서재필 등 개화파는 곧이어 경복궁으로 뛰어 들어갔습니다.

"청나라 군사가 난을 일으켜 불빛이 성안에 가득하고 대신들을 마구 죽이니 급히 자리를 옮기시어 피신하소서."

침전에 있던 고종은 그 말에 속아 개화파를 따라 경복궁을 나섰습니다. 경우궁(순조의 생모 수빈 박씨의 사당)으로 피신한 것입니다. 일본 공사는 군사를 보내서 경우궁을 호위했습니다.

다음날 창덕궁 관물헌으로 돌아온 고종에게 개화파는 14개조의 혁신 정강을 내놓았습니다. 그 주요 내용은 다음과 같습니다. ⑴대원군을 귀국시키고 청나라에 대한 사대 조공을 폐지할 것 ⑵문벌을 폐지하여 인민 평등의 권리를 만들고 재능에 따라 인재를 등용할 것 ⑸국가에 해독을 끼친 간사한 관리와 탐관오리를 처벌할 것 ⑿일체의 국가 재정은 호조가 관할할 것.

그러나 개화파는 이 혁신 정강을 끝내 발표하지 못했지요. 명성황후의 요청으로 만들어진 청나라와 조선의 연합군이 창덕궁을 공격한 것입니다. 명성황후는 먼저 북묘로 달아났고 곧이어 고종도 뒤따라 그 곳으로 가버렸습니다. 북묘는 서울 종로구 명륜동 부근에 있던 관우의 사당입니다.

사태가 불리해진 것을 알아차린 일본 공사는 개화파를 돕겠다는 약속을 저버리고 군대를 철수했습니다. 10월 19일, 김옥균 등 갑신정변의 주동자들은 일본으로 망명했습니다. 이로써 정변은 실패로 끝이 났지요. 개화파가 권력을 쥐고 있던 시간이 단 3일이었습니다. 그래서 갑신정변에 의한 개화파의 집권을 '3일 천하'라고 부르기도 합니다.

갑신정변 이후 일본은 정변의 난리통에 공사관 건물이 훼손되었다며 일본 공사관 새로 짓는 비용을 물어내라고 주장했습니다. 결국 조선은 공사관 신축 비용을 부담하는 등 배상금을 일본에 지불하기로 했지요. 이것이 한성조약입니다. 또 일본은 조선에 대한 영향력을 청나라에게 빼앗긴 것을 만회하기 위해 청나라와 톈진조약을 맺었습니다. 톈진조약의 주요 내용은 일본도 청나라처럼 조선에 군사를 보낼 수 있다는 것이었습니다.

5
조병갑의 탐학으로 시작된 갑오농민혁명

어떤 역사적 사건이 괜히, 갑자기, 느닷없이 일어나는 경우는 많지 않습니다. 거의 모든 역사적 사건의 원인과 결과가 꼬리에 꼬리를 물고 있지요. 특히 고종 임금 때 일어났던 그 숱한 사건들, 조선을 망국으로 이끌었던 그 사건들은 한 줄로 세워도 될 정도로 원인과 결과의 관계가 분명합니다. 갑신정변도 정변 자체는 실패했지만 다음 사건에 대한 원인을 확실히 제공하였습니다. 갑신정변의 뒤처리로 일본과 청나라가 맺은 톈진조약이 이후 조선에 엄청난 결과를 가져온 것입니다.

일본은 개화파가 갑신정변을 일으키도록 부추겼지요. 군사를 보내 고종을 호위하기도 했지만 상황이 불리해지자 슬그머니 손을 뗐습니다. 그런데 정변의 과정에 피해를 입었다고 조선과 청나라에 손해배상을 청구했습니다. 그 결과 조선과는 한성조약을, 청나라와는 톈진조약을 맺었습니다.

◀전봉준 동상. 동학농민혁명을 이끌었던 전봉준은 키가 작아 녹두장군이라 불렸다.

▲ 농민군이 최초로 모였던 **말목장터**(전북 정읍시 이평면).

그런데 이 톈진조약이 문제였습니다. 주요 내용은 일본, 청나라 중 한 나라가 조선에 군대를 보낼 때는 자기네끼리 서로 알려야 한다는 것이었습니다. 또 두 나라 중 한 나라가 조선에 군대를 보내면 조선이 원하지 않아도 다른 나라도 군대를 보낼 수 있다는 내용이었습니다. 조선은 이 조약의 당사자는 아니었습니다. 하지만 톈진조약은 이후 조선의 운명에 결정적 영향을 끼치게 되었지요.

청나라의 힘으로 갑신정변을 막았다고 생각한 조선 왕실은 청나라에 더욱 의존했습니다. 청나라는 본격적으로 조선에 내정 간섭을 하였지요. 일본은 일본대로 조선에서 여러 이권을 차지하려고 안간

힘을 썼습니다. 이렇게 이웃 나라들이 서로 조선을 차지하지 못해 안달이 났는데 조선의 조정은 적절한 대응책을 찾지 못하고 우왕좌왕했습니다.

왕실과 조정이 정신을 못 차리고 있는 동안 자기밖에 모르는 부패한 관리들은 백성들을 사정없이 착취했습니다. 안 그래도 가난하던 조선의 백성들은 더욱 큰 고통을 당하게 되었지요. 조정이 힘이 없으니 관리들 통제도 안 되고 나라 전체의 기강이 서지 않았습니다. 나라 경제는 파탄에 이르렀고 사회 질서는 엉망이 되었습니다.

그때 많은 백성은 동학이라는 종교에서 위안을 찾았습니다. 동학의 중심 사상은 '인내천(人乃天)'과 '후천개벽(後天開闢)'이었습니다. 인내천은 "인간은 곧 하늘이다"라는 말이고 후천개벽은 "지금의 세상이 끝나고 백성들이 바라는 새로운 세상이 열린다"라는 뜻을 담고 있습니다. 이렇게 모든 사람이 평등하다며 이상적 사회 건설을 꿈꿨던 한편, 서양 세력을 배척했던 동학에 많은 사람이 매력을 느꼈습니다.

만일 여러분의 가정이 외부로부터 공격을 받는다면 여러분은 어떤 태도를 취하겠습니까? 그냥 몰라라 자신의 일에만 몰두할까요? 아니면 위기에서 벗어나기 위해 온 가족이 힘을 합해 노력할까요? 어른들이 정신없는 틈을 타서 멋대로 행동하고 나쁜 길로 빠져드는 사람도 있을 것입니다. 마지막의 경우라면 그 가정은 불행에서 벗어나기 힘들 것입니다.

망해가는 조선에는 마지막 경우와 같은 관리가 많았습니다. 그 대표적 인물은 1892년 전라북도 고부에 군수로 부임한 조병갑이지요. 그는 백성들에게 엄청나게 많은 세금을 내게 했고 이유 없이 백성의 재물을 빼앗았습니다. 안 빼앗기려는 사람은 관가로 데려가 무자비하게 형벌을 가했습니다. 조병갑은 가지가지 이유를 만들어 백성들을 수탈했습니다. 자신의 아버지를 기리는 비각을 세운다고, 만석보라는 저수지를 만든다고 많은 돈을 요구했습니다.

고부 농민들은 조병갑의 횡포를 더 이상 견딜 수 없는 지경에 이르렀습니다. 동학교도를 중심으로 한 주민들은 사발통문을 돌렸습니다. 사발통문은, 마치 사발을 엎어놓은 모양처럼 중앙의 작은 원을 중심으로 참가자 명단을 둘러 적은 문서입니다. 이는 주모자가 누구인지 알 수 없게 명단을 만드는 방법이지요. 전봉준 등 20여 명의 이름이 쓰인 사발통문에는 조병갑을 처단하고 전주 감영을 함락하자는 내용이 담겨 있었습니다.

▼ **사발통문을 작성하고 혁명을 최초로 모의했던 장소**(전북 정읍시 고부면).

이 사발통문의 결의가 실제 행동으로 나타난 것은 1894년 1월이었습니다. 전봉준을 중심으로 한 농민 1천여 명이 머리에 흰 띠를 두르고 말목장터에 모였습니다. 그들의 손에는 죽창과 농기구가 들려 있었습니다. 동학농민혁명이 일어난 것입니다. 이 해가 갑오년이라 이 사건을 갑오농민운동이라고도 합니다.

농민군은 가장 먼저 고부 관아를 습격하고 점령하였습니다. 이 소식을 들은 조정은 새로운 관리 이용태를 보내 사태를 수습하려 했지요. 그런데 이용태는 농민들을 달래기는커녕 동학교도를 탄압하는 데만 힘을 기울였습니다. 전봉준은 이웃 고을의 동학교도에게 통문을 돌렸습니다. 1천 명으로 시작한 농민 운동이 1만 명이 모인 대규모 봉기로 발전했습니다.

전봉준은 농사를 지으며 동네 아이들에게 훈장 노릇을 하던 인물이지요. 그는 살인이나 재물을 빼앗는 것을 금지하는 등 규율을 강조하며 농민군들에게 군사 훈련도 실시했습니다. 농민군은 4월초 정읍의 황토현에서 관군을 크게 무찌르고 4월말에는 마침내 전주성을 점령하였습니다.

다급해진 조정은 청나라에 군사를 보내달라고 요청했지요. 청나라의 군대가 충남 아산만에 상륙하자 일본도 기다렸다는 듯이 군대를 보냈습니다. 물론 조선은 일본군을 요청한 적이 없습니다. 톈진조약이 일본군의 상륙을 허락한 것입니다.

6
갑오개혁, 신분제를 없앤 대대적인 개혁

일본은 1860년대부터 시작된 메이지 유신으로 조선보다 한 발 먼저 근대화의 길에 접어들었습니다. 그들은 '탈아입구(脫亞入歐)'라는 슬로건을 내걸었습니다. 이는 "아시아를 넘어 유럽의 일원이 된다"라는 뜻입니다. 유럽으로 진출하기 위해 일본은 대륙으로 뻗어나가려는 계획을 세웠습니다.

섬나라 일본이 대륙으로 건너오려면 먼저 한반도를 손아귀에 넣어야 했습니다. 그런데 조선과 국경을 맞대고 있던 청나라와 러시아가 이를 용납하지 않았지요. 일본은 전쟁을 치러서라도 청나라와 러시아가 조선을 포기하도록 만들고 싶었습니다. 그때 조선에서 동학농민혁명이 일어났습니다. 일본은 이 사건을 청나라를 몰아낼 절호의 기회로 삼았습니다.

3천 명이 넘는 일본 군대는 인천에 도착한 다음날 바로 서울로 들어왔습니다. 농민군은 일이 커지는 것이 두려워지기 시작했습니

◀ **전봉준 묘 앞에 있는 「파랑새야」 노래비. 가사 중 파랑새는 청나라 군대를, 녹두꽃은 녹두장군 전봉준을 가리킨다.**

다. 청나라 군대에 일본 군대까지 외국의 세력이 한반도 중심부에 진을 쳤기 때문입니다. 그땐 하필 6월 초로, 보리 수확과 모내기 준비에 바쁜 농번기였지요. 농민군들은 고향으로 돌아가 농사를 짓고 싶다는 생각을 하게 되었습니다.

이에 전봉준은, 여러 가지 잘못된 정책의 개혁과 탐관오리의 제거를 주장하는 27개 조의 폐정개혁안을 조정에 제안했습니다. '폐정(弊政)'은 잘못된 정치, 즉 폐단이 많은 정치를 뜻합니다. 잘못된 정치를 개혁한다고 약속하면 농민군을 해산하겠다고 제의한 것이지요. 조정에서는 농민군의 개혁 제의를 받아들였습니다. 조정과 농민군은 싸움을 멈추고 화해했습니다. 그때 화해의 약속이 전주에서 이뤄졌기에 이를 전주화약이라고 합니다. 이후 농민군은 전라도 일대에 집강소를 설치하고 스스로 폐정 개혁을 이루기 위해 노력했습니다.

이렇게 조정과 농민군이 화해를 함으로써 동학농민혁명은 진정되었습니다. 하지만 청나라 군대와 일본 군대는 돌아가지 않았지요. 심지어 일본군은 경복궁을 기습 점령하고 고종과 명성황후를 가둬 버렸습니다. 그리고는 흥선대원군을 앞장 세워 친일 정권을 세웠습니다. 그뿐만 아닙니다. 곧이어 서해 아산만 풍도 앞바다에서 청나라 군함을 기습 공격하여 세 척의 배를 격침시켰습니다. 청일전쟁이 일어난 것입니다.

한반도에서 우리나라와 일본, 중국 세 나라가 뒤엉켜 전쟁을 했던 예는 역사상 세 번 있었습니다. 첫 번째는 신라와 당나라 연합군이 백제를 공격하여 일본이 백제를 도우러 온 일입니다. 두 번째는 임진왜란, 세 번째가 청일전쟁이지요.

청일전쟁은 청나라와 일본이 한반도를 차지하기 위해 벌인 전쟁입니다. 이 전쟁에서 일본은 청나라에게 일방적으로 승리했습니다. 청나라가 한반도에서 손을 떼야 하는 때가 온 것이지요. 심지어 청나라는 전쟁에 진 대가로 랴오둥[遼東]이라는 넓은 땅을 일본에 내주어야 하는 지경에 이르렀습니다.

이 무렵 전봉준이 이끄는 농민군이 다시 일어났습니다. 이번에는 조선의 탐관오리가 아니라 일본군을 상대로 싸우는 것이었습니다. 그런데 죽창과 농기구를 들고 일어선 농민군은 신식 무기를 가진 일본군을 당할 수 없었지요. 수많은 농민군이 죽고 살아남은 사람들은 뿔뿔이 흩어졌습니다. 농민군을 이끌던 전봉준은 관군에 붙잡혀 사형을 당했습니다.

▼ 전북 부안의 원평 집강소. 집강소는 우리 역사 최초로 만들어진 농민 자치 기구였다.

경복궁을 점령하고 청나라를 몰아낸 일본은 자기들 마음대로 조선을 주무를 수 있게 되었지요. 가뒀던 고종을 풀어주고 군국기무처라는 관청을 만들게 했습니다. 김홍집을 내세워 친일 내각을 세웠고, 김홍집 내각은 군국기무처를 중심으로 갑오개혁을 실시했습니다.

1894년에 시작되어 3년 만에 마무리된 갑오개혁에는, 조선 사회의 폐단이라 여겨지던 여러 제도 및 관습에 대한 개혁도 포함되어 있었습니다. 양반, 상민을 나누는 신분 제도, 노비 제도, 어린 시절 결혼하는 조혼 제도를 없앴지요. 문관을 우대하고 무관을 하찮게 여기던 차별, 가족 중 죄인이 있으면 함께 죄인이 되는 죄인연좌법도 폐지했습니다. 또 과부의 재혼을 허용하였습니다. 갑오개혁은 우리 역사를 전근대와 근대로 나누는 분기점으로 여겨집니다. 비록 일본의 강요로 시작되었지만 근대사에 한 획을 그은 대대적인 개혁이었던 것입니다.

일본이 갑오개혁을 통해 얻으려 했던 가장 큰 노림수는 청나라와 조선의 긴밀한 관계를 끊는 것이었습니다. 조선을 청나라로부터 떼어놓아야 자신들이 조선을 침략하기 수월해지기 때문입니다. 그런데 청나라만 일본의 적수였던 것은 아니지요. 청일전쟁에서 승리하고 기세가 하늘까지 솟았던 일본에 찬물을 끼얹는 사건이 벌어졌습니다. 일본의 세력이 커지는 것을 우려한 러시아가 독일과 프랑스를 끌어들여 간섭에 나선 것입니다. 일본이 전리품으로 랴오둥을 챙긴 것은 너무 심하다고 비난한, 이른바 삼국간섭 사건이지요. 러시아뿐만 아니라 유럽의 두 나라까지 나서는 바람에 일본은 슬그머니 랴오둥을 도로 내놓았습니다.

이때 조선의 왕실은 여러 가지 생각을 하게 되었지요. 조선 혼자의 힘으로는 그 험한 시대를 헤쳐 나갈 수 없을 것 같았습니다. 어차피 다른 나라의 도움을 받아야 했는데 이왕이면 가장 강한 나라의 도움을 받는 게 낫겠다고 생각했지요. 어떤 나라가 강한 나라였을까요? 몇 백 년 동안 한반도의 종주국 역할을 했던 나라는 중국입니다. 그런 중국을 물리친 나라가 일본이지요. 중국을 이긴 일본을 압박해 랴오

▲ 농민군이 관군을 크게 이긴 황토현 전적지(전북 정읍시 덕천면)에 있는 이름 없는 농민군 위령탑.

둥을 내놓게 한 나라는 러시아입니다. 미국이나 유럽 열강은 너무 멀리 있는 나라들입니다. 가까이 있는 나라 중 러시아가 가장 힘 센 나라라고 생각했지요. 그래서 조선은 러시아를 끌어들여 친러 내각을 세웠습니다. 그 친러 세력의 중심에 명성황후가 있었습니다.

7
역사상 가장 비극적인 사건, 을미사변

고종이 임금의 자리에 있는 동안 조선에서는 수많은 사건이 꼬리에 꼬리를 물고 일어났습니다. 임오군란 때문에 청나라의 입김이 강해졌고 그에 대한 반발로 갑신정변이 일어났습니다. 갑신정변의 뒤처리로 일본과 청나라가 톈진조약을 맺었고 그 조약 때문에 동학농민혁명 때 청나라 군대와 일본 군대가 한반도에 들어올 수 있었지요. 그 때문에 청일전쟁이 일어났고 전쟁에 이긴 일본은 엄청난 전리품을 챙기려 했습니다. 이에 러시아와 독일, 프랑스 삼국이 간섭을 하여 일본의 팽창을 막았고 이후 조선은 러시아에 크게 의존하게 되었습니다.

삼국간섭의 결과 우리 역사상 가장 비극적이고 어처구니없는 사건이 일어났습니다. 바로 을미사변입니다. 삼국간섭의 영향으로 조선에 친러 내각이 들어서자 일본은 다 된 밥에 코 빠트릴 것 같은 불안감에 빠졌습니다. 조선을 차지하기 위해 공들였던 그동안의 노력

◀ **경복궁 건청궁. 경복궁의 가장 안쪽에 있는 이곳까지 일본의 폭도들이 침입하여 명성황후를 시해하였다.**

이 헛일이 되고 그 공을 러시아가 대신 차지할지도 모른다는 생각을 갖게 된 것입니다.

고종과 명성황후는 친러파 대신인 이범진과 이완용을 자주 궁궐로 불러들여 나랏일에 대해 의논했습니다. 또 러시아 공사인 베베르를 초대해 일본으로부터 조선을 보호해달라고 간절히 청하기도 했습니다. 베베르 공사는 큰 나라인 러시아가 조선을 보호해줄 것이라고 큰소리쳤지요. 그러나 그때 러시아는 일본에게서 한반도를 나누어 갖자는 제의를 받고 어떻게 할 것인가 궁리하던 참이었습니다.

일본은 친러 내각의 중심 인물이 명성황후라고 생각했습니다. 또 고종이 정치적 결정을 하는 데 큰 영향을 끼치는 명성황후만 처치하

▼ 건청궁 안에 있는 옥호루. 명성황후 시해의 현장이다.

면 고종을 자신들의 손 안에 넣을 수 있을 것이라 여겼습니다. 1895년 을미년 8월 20일 일본은 '여우 사냥'이라는 작전을 결행했습니다. 제목이 무엇이든 결과가 참혹하긴 마찬가지입니다만, '여우 사냥'이라는 작전명은 특히 기분이 나쁩니다. 남의 나라 왕비를 '여우'로 표현하고 마구잡이로 제거할 '사냥'의 대상으로 여겼다는 얘기니까요.

또 그들은 명성황후 시해의 책임을 흥선대원군에게 덮어씌우려고도 계획했습니다. 경복궁을 습격하러 오기 전 그들은 운현궁으로 가서 흥선대원군을 끌어냈습니다. 그리고 억지로 가마에 태워 경복궁으로 데리고 왔지요. 조선의 왕실에서 시아버지가 왕비인 며느리를 끝내 죽였다고, 천륜을 거역한 사건으로 꾸미려 한 것입니다.

일본의 폭도들은 정말 잔인하고 무도하게 명성황후를 시해했습니다. 새벽에 임금과 그 가족이 자고 있는 궁궐에 쳐들어와 왕비를 내놓으라며 이 방 저 방을 마구 뒤지고 다녔답니다. 그 와중에 세자는 상투를 잡히고 폭도들의 칼등에 맞아 실신하기도 했지요. 고종은 미처 손을 써볼 겨를도 없이 눈앞에서 왕비가 살해되는 것을 봐야만 했습니다.

폭도들은 왕비의 사진을 가지고 있었다고 하지요. 그러니 왕비가 아닌 척 궁녀의 옷으로 갈아입었어도 소용이 없었습니다. 옥호루 안 병풍 뒤에 숨었지만 폭도들은 거침없이 그녀를 찾아냈습니다. 궁내부 대신 이경직이 왕비를 보호하기 위해 그 앞에 양팔로 막고 섰지요. 폭도들은 이경직의 양팔을 칼로 내리쳤습니다. 그리곤 건천궁 장안당 뒤뜰로 왕비를 끌어내어 가슴을 짓밟고 칼로 마구 찔렀답니다. 이후 홑이불로 시신을 싸서 옥호루 옆 녹산으로 가서 석유를 붓고

▲ 고종과 명성황후의 합장릉인 홍릉(경기도 남양주시 홍유릉로).

불태웠습니다. 화장이 아니라 시신의 훼손이었지요. 타다 남은 시신은 그대로 버려두고 돌아간 것입니다.

8월 22일 일본은 김홍집을 중심으로 다시 친일 내각을 세웠습니다. 그리고 명성황후를 폐서인으로 한다는 발표를 하게 하였습니다. 왕비를 내쫓는 이유는 당파를 만들어 임금의 총명을 막고 인민을 착취하며 관직을 사고팔았기 때문이라 했습니다. 일본은 "왕비와 적대 관계에 있던 흥선대원군이 일본 공사에게 요청하여 일으킨 사건이며 시해는 조선군 훈련대가 자행한 것"이라고 거짓 보도까지 하여 흥선대원군에게 왕비 시해의 누명을 씌웠습니다. 일본은 명성황후의 육신뿐만 아니라 명예까지, 두 번 세 번 난도질했습니다.

을미사변은 그렇게 조선 왕실 내부의 폭거로 마무리될 뻔했습니다. 그런데 목격자가 나타났습니다. 경복궁에 머물고 있던 미국인 다이와 러시아 인 사바틴이 그 참담한 광경을 다 본 것입니다. 러시아 공사 베베르와 미국 공사 앨런을 비롯한 여러 나라 외교관들이 일

본의 만행을 비난했습니다. 일본은 그제야 슬그머니 관련자 40여 명을 구속하여 재판도 하고 히로시마 감옥에 가두기도 했습니다. 하지만 다음해 여론이 잠잠해지자 그들은 모두 증거 불충분으로 석방되었습니다. 석방된 이후에도 일본 내에서 영웅 대접을 받았다고 합니다.

을미사변을 일으킨 주요 인물은 시바 시로, 스키나리 하카루, 구니모토 시게아키, 야마다 레세이 등입니다. 일본은 을미사변이 깡패들이 일으킨 난동에 지나지 않을 뿐 일본 정부와는 아무런 관련이 없다고 말했습니다. 하지만 이들은 단순한 깡패가 아니었습니다. 하버드 대학 졸업생에 한성신보 주필, 일본 신문 특파원 등 지식인들이었지요. 또 일본 정부의 지원과 사주를 받은 것이 여러 자료를 통해 증명되었습니다.

명성황후의 장례는 을미사변으로부터 2년 후인 1897년에야 제대로 치를 수 있었습니다. 슬픔과 두려움에 떨던 고종은 러시아 공사관으로 몸을 피했기 때문입니다.

8
자주 독립을 외친 독립협회의 결성

을미사변 이후 고종은 극심한 공포에 빠졌습니다. 왕비가 바로 눈앞에서 살해당하는 참변을 겪었기 때문입니다. 그것도 길거리 가다가 당한 일도 아닙니다. 가장 안전하다고 생각했던 궁궐 저 깊은 곳에서 그런 엄청난 변을 당했지요. 그러니 궁궐도 안전한 곳이라고 안심할 수 없었습니다. 고종은 궁궐 안 사람들 중 그 누구도 믿을 수 없었습니다. 음식에 독이 들어 있을까 두려워 식사도 제대로 할 수 없었습니다. 한 나라의 임금이 이렇게 죽음의 공포에 시달리고 있었으니 나라 다스리는 일을 제대로 할 수 있었을까요?

을미사변이 일어난 후 조선에는 다시 친일 내각이 세워졌습니다. 그 중심에는 갑오개혁의 주역이었던 김홍집이 있었습니다. 김홍집 내각은 을미개혁을 실시했습니다. 을미개혁의 가장 중요한 내용은 조선의 연호를 '건양(建陽)'으로 정하고 태양력을 들여왔으며 단발령과 종두법을 시행했다는 것입니다.

◀ 서울 중구 정동에 남아 있는 러시아 공사관 건물 일부.

조선 백성들은 단발령에 크게 반발했습니다. 당시 조선 사회에는 무엇보다 철저하게 따르는 유교의 가르침이 있었습니다. 몸은 물론 그에 딸린 머리카락이나 수염까지 모두 부모님이 주신 것이니 이를 훼손하지 않는 것이 효의 시작이라는 가르침이었습니다. 그래서 남녀를 가리지 않고 평생 머리카락을 자르지 않았던 것이지요.

그런데 나라에서 머리카락을 자르라 하니 난리가 난 것입니다. 하늘이 무너진 듯 통곡하던 백성들은 이 조치의 배경에 일본이 있다는 것을 알게 되었습니다. 단발령에다 명성황후의 시해까지 겹쳐 일본을 미워하는 감정이 전국으로 퍼져나갔습니다. 의병이 일어나는 등 민심이 크게 흔들리자 일본 사람들은 고종에게 머리를 자르는 모범을 보이라고 위협했지요. 고종은 탄식하며 자신과 세자의 머리를 깎도록 허락했습니다.

또한 '연호'를 정하도록 한 것도 일본의 야심에서 나온 조치입니다. 연호는 임금이 즉위하는 해부터 시작하는, 연도를 나타내는 칭호입니다. 이전까지 조선은 황제국이었던 중국의 연호를 사용했지요. 조선 나름의 연호를 정하게 한 것은 중국으로부터의 영향력을 끊어 버리라는 얘기입니다. 그런데 이는 조선을 위한 것이 아니라 일본이 한반도 침략을 쉽게 하기 위한 속셈이었습니다.

조선 전체가 혼란에 빠져들고 있었지만 고종은 백성들의 고통을 돌아볼 겨를이 없었습니다. 자신의 두려움도 주체할 수 없었기 때문입니다. 경복궁에 갇힌 신세가 된 고종은 궁궐 밖에 살던 엄 상궁을 불러들였습니다. 엄 상궁을 비롯한 몇몇 측근은 외국 공관이 밀집한 서울 정동으로 피신할 것을 고종에게 권했습니다. 이런 의견을 러

▲ 러시아 공사관. 고종과 세자(훗날 순종)는 이곳에 만 1년 동안 머물러 있었다.

시아 공사 베베르에게 알리자 베베르는 본국의 허락을 얻어 고종을 공사관에 받아들이기로 했습니다. 물론 조선에 친러 내각을 만들 수 있는 좋은 기회를 러시아가 싫다할 리가 없었습니다.

1896년 2월 11일 새벽, 고종과 세자는 경복궁의 서문인 영추문을 몰래 빠져나갔습니다. 임금이 타고 다니는 제대로 된 가마가 아닌 궁녀의 가마를 탄 채로 말이지요. 이때는 을미사변이 일어난 지 여섯 달 만이었습니다. 엄 상궁은 이 일이 있기 얼마 전부터 궁녀의 가마를 영추문에 수시로 드나들게 했습니다. 그 덕에 경비병들을 속이고 경복궁을 무사히 빠져나올 수 있었습니다.

이 사건이 아관파천(俄館播遷)입니다. '아관'은 러시아 공사관을 말하고 '파천'은 임금이 피란 가는 것을 말하지요. 러시아 공사관에 도착한 고종은 비로소 마음을 놓을 수 있었습니다. 고종은 다시 친러 내각을 만들고 김홍집을 비롯한 친일 내각의 대신들을 처형하라 명했습니다. 김홍집은 주변의 만류에도 불구하고 도망치지 않고 광화문 앞으로 나아가 백성들에게 맞아죽었습니다.

고종은 러시아의 힘 뒤에 숨어서 큰소리를 쳤습니다. 갑오개혁이

▼사신을 맞이하던 영은문을 헐고 그 자리에 청나라로부터 독립한다는 의미로 독립문을 세웠다.

나 을미개혁의 많은 부분을 무효로 만들기도 했습니다. 하지만 고종과 세자가 러시아 공사관에 머무는 동안 나라의 권위와 위신이 땅에 떨어지고 말았지요.

이 무렵 조선의 백성들을 계몽하여 근대 국가의 시민으로 만들고 자유주의와 민주주의 사상에 기초한 개혁을 이루려는 움직임이 일어났습니다. 그 일에 나선 대표적 인물은 서재필입니다. 서재필은 우리 역사상 최초의 민간 신문인 독립신문을 창간하고 독립협회를 만드는 일에도 큰 역할을 했습니다.

독립협회의 '독립'은 중국으로부터의 자주 독립을 의미합니다. 물론 그 외의 열강의 이권 침탈에서도 벗어나자는 의미도 갖고 있지요. 독립협회는 자주 독립, 자유 민권, 자강 개혁을 중요하게 내세웠습니다. 자주 독립은 우리나라의 독립권을 지키자는 것이고 자유 민권은 인민의 자유와 평등권을 확립하자는 주장입니다. 또 자강 개혁은 나라 안 정치를 혁신하여 잘 살고 튼튼한 나라를 만들자는 것입니다. 독립협회는 정부의 개혁을 건의하고 우리 역사상 최초로 의회 설치 운동을 벌이기도 했습니다. 또 러시아 공사관에 있는 고종에게 궁궐로 돌아올 것을 강력하게 요청했습니다.

그러나 독립협회는 고종의 명령에 의해 해산되고 말았습니다. 고종은, 조선이 의회에서 만들어진 헌법으로 다스려지는 나라로 변화하는 것을 원치 않았습니다. 자신을 중심으로 한 전제 군주제 국가로 그대로 남아 있기를 기대한 것입니다.

9
황제의 나라 대한제국 선포

조선의 군주 고종이 황제가 되어야 한다는 주장은 1884년 갑신정변이 일어날 무렵부터 제기되었습니다. 하지만 그때까지도 조선은 청나라의 힘을 무시할 수 없었습니다. 몇 백 년 동안 중국의 그늘에 있었던 관습에서 쉽게 벗어날 수 없었던 것이지요. 그래서 조선이 황제의 나라라고 선포하지 못한 것입니다. 그런데 조선이 청나라와 아무런 관계도 없는 독립국이라고 못을 박은 사건이 발생했습니다. 청일전쟁을 끝낸 후 일본과 청나라가 맺은 시모노세키 조약에서 조선이 독립국임을 청나라가 인정한 것입니다.

시모노세키 조약은 을미사변이 일어나기 전인 1895년 4월 17일에 맺어졌습니다. 이 조약의 제1조에는 "조선국이 완전한 독립 자주국임을 승인할 것"이라는 내용이 들어 있습니다. 전쟁에 이긴 일본은 왜 조선이 독립국임을 인정하라고 청나라에게 요구했을까요? 그이유는, 조선이 청나라와 긴밀한 관계를 맺고 있는 한 자신들이 조

◀ 덕수궁의 수문장 교대식. 러시아 공사관에 머물던 고종은 1년 만에 덕수궁으로 돌아왔다.

선을 쉽게 침략할 수 없었기 때문입니다. 아무튼 이 조약 이후 조선은 청나라의 영향력에서 벗어날 수 있었습니다.

러시아 공사관에 머물던 고종은 1897년 2월 20일 경운궁(지금의 덕수궁)으로 돌아왔습니다. 경복궁을 벗어나 러시아 공사관으로 피신한 지 꼭 1년만이었습니다. 같은 해 8월 고종은 황제의 나라 대한제국을 새로 세우고 자신이 황제가 되었음을 선포했습니다. 새 황제의 연호는 '광무(光武)'로 정했습니다. 조선 최초의 독자적인 연호는 1896년 1월 1일을 시작으로 하는 '건양(建陽)'이었습니다. 그런데 이는 을미개혁 때 일본의 압력에 의해 만들어진 연호였지요. 그러니 새로운 제국을 선포하면서는 새 연호가 필요했습니다.

▼ 환구단의 부속 건물이었던 팔각정 황궁우.

1897년 10월초 고종이 '광무 황제'가 되었음을 하늘에 고하기 위해 서울의 회현방(지금의 중구 소공동)에 환구단을 세웠습니다. 환구단은 3층으로 둥글게 쌓은 제단으로, 1층의 지름이 140미터나 되는 엄청난 규모의 구조물이었습니다. 이곳은 하늘과 땅, 별과 천지만물에 깃든 신령의 신위를 모시고 제사를 지내는 곳입니다. 이후에도 고종은 황제의 자격으로 동지나 새해 첫날에 환구단에서 하늘에 제사를 지냈습니다.

　　즉위식 다음 날 고종은, 새 나라 이름을 무엇으로 할 것인지 대신들과 논의하였지요. 고종은 "우리나라는 원래 삼한(三韓 : 마한, 진한, 변한)의 땅인데, 나라 초기에 하늘의 명을 받고 하나의 나라로 통합되었다. 그러니 지금 국호를 큰 한, 즉 '대한(大韓)'이라고 정하는 것이 마땅하다"라고 제의했습니다. 대신들이 이에 동의하여 우리 역사상 최초의 황제국의 이름이 '대한'으로 정해졌습니다.

　　황제의 나라를 세우는 것에 모든 사람이 찬성한 것은 아니었습니다. 윤치호는 새로운 문물을 받아들인 신지식인이었지만 황제 즉위를 비판했지요. 나라의 독립을 보장하는 것은 국가의 힘인데 외국 군대가 왕궁에 쳐들어와 짓밟고 왕비를 시해하는 마당에 황제 즉위가 무슨 의미가 있느냐는 주장이었습니다. 최익현 같은 유생들도 망령되이 스스로를 높이는 행위라며 황제 즉위에 반대했습니다.

　　그러나 "황제가 없으면 독립도 없다"라는 많은 지식인의 주장에 힘입어 대한제국이 선포되었고 그 소식은 세계 여러 나라로 퍼져나갔습니다. 러시아와 프랑스가 앞서서 대한제국의 선포를 축하하며 승인해주었습니다. 이어서 일본, 미국, 영국, 이탈리아 등 여러 나라

▲ 환구단 근처에 세워진 석고(돌북). 1902년 고종 즉위 40주년을 기념하여 만든 것이다.

가 대한제국을 승인했습니다.

황제가 되었다고 고종이 안전해진 것은 아니었습니다. 1898년 7월에는 일본의 사주를 받은 안경수가 고종을 황제의 자리에서 물러나게 하는 모의를 하다가 발각되었습니다. 또 고종을 독살하려는 사건도 일어났지요. 김홍륙이라는 사람이 궁중 사람들을 돈으로 사서 황제와 황태자가 마실 커피에 많은 양의 아편을 섞은 것입니다.

이렇게 황제가 위기도 겪었지만 대한제국은 여러 가지 개혁을 펼쳐나갔습니다. 이 개혁들을 광무개혁이라고 하지요. 광무개혁은 '구본신참(舊本新參)' 즉, 구식을 근본으로 삼고 신식을 참고한다는 이

넘 아래 전개되었습니다. 우선 자주 독립을 지키고 근대 국가로서의 모습을 갖추려는 노력이 진행되었습니다. 대한제국 정부는 군사력을 증강하였고 외교에도 적극적으로 나섰습니다. 러시아의 블라디보스토크나 중국의 간도 지방으로 이주한 교민들을 보호하기 위해 관리를 보냈고 북간도를 우리 영토로 편입하고자 시도하였습니다. 또 1900년에는 독도가 대한제국 영토라는 기사를 관보에 싣기도 했습니다.

이 외에도 대한제국은 토지 측량 사업과 상공업 진흥 정책을 적극적으로 추진하는 등 사회 전반에 걸친 개선을 시도하였지요. 그러나 그 열매를 채 맺지도 못한 채 대한제국은 개국 13년만인 1910년에 문을 닫아야만 했습니다.

대한제국은 한민족의 역사상 가장 짧은 기간 존재했던 나라입니다. 하지만 '대한'이라는 나라 이름, 태극을 담은 국기 등 국가의 주요 상징들이 일제강점기를 넘어 오늘의 우리나라 대한민국에까지 이어지고 있습니다. 대한제국을 기억할 때 놓쳐서는 안 될 중요한 점이 하나 더 있습니다. 그것은 바로 대한제국은, 강대국들이 한반도를 넘보는 위기의 상황에서 자주 독립을 이루고자 하는 간절한 소망에서 만들어진 나라라는 점입니다.

10
대한제국의 외교권을 빼앗은 을사늑약

역사적 사건 가운데 원인 없이 갑작스럽게 일어난 일은 별로 없습니다. 거의 모든 사건이 원인이 있어서 만들어진 결과이지요. 고종이 임금으로 있는 동안 수많은 사건이 꼬리에 꼬리를 물고 일어났습니다. 안타까운 것은 그 사건들이 한결 같이 조선 혹은 대한제국의 망국을 재촉하는 사건들이었다는 점입니다.

을미사변 이후 고종이 러시아 공사관으로 피신하며 친러 정권이 세워졌습니다. 러시아는 조선을 보호한다는 명목으로 조선의 군주를 1년 동안이나 자신들의 공사관에 붙잡아두었습니다. 얼핏 보기에 러시아는 조선에서 확실하게 세력의 뿌리를 내린 듯했습니다. 하지만 한반도를 손에 넣고야 말겠다는 일본의 의지는 그보다 더욱 확고했습니다.

◀ 덕수궁의 중명전. 이곳에서 열린 어전회의에서 고종은 한일협상조약의 조인을 끝내 거부하였다.

러시아는, 시베리아 철도 부설 등 자신들 나라의 이익을 위해서 일본과 타협하려고 했습니다. 하지만 한반도를 두고 일본과 러시아는 한판 승부를 벌일 수밖에 없는 상황이었지요. 러시아에도 일본에도 한반도를 양보할 수 없는 여러 가지 이유가 있었기 때문입니다.

러시아에게는 겨울에도 얼지 않는 항구, 이른바 부동항(不凍港)이 절실히 필요했습니다. 유럽 쪽으로 진출하려고 몇 차례 시도를 했지만 영국이나 프랑스 등에 의해 번번이 좌절되었습니다. 그런 러시아가 보기에 한반도는 부동항이 줄지어 있는 훌륭한 장소였지요. 게다가 당시 러시아 안에서는 곧 혁명이 일어날 듯 불만이 들끓고 있었습니다. 러시아 황제는 전쟁을 일으킴으로써 불만을 가진 사람들의 관심을 나라 밖으로 돌려보려고 했습니다. 한편 일본은 좁은 섬나라에서 벗어나 대륙으로 진출하려는 북진 정책을 펼치고 있었습니다. 그러니 일본에게도 한반도는 반드시 손에 넣어야 할 요충지였지요.

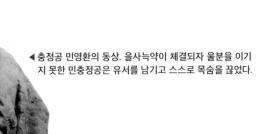

◀충정공 민영환의 동상. 을사늑약이 체결되자 울분을 이기지 못한 민충정공은 유서를 남기고 스스로 목숨을 끊었다.

1904년 2월 일본의 기습 공격으로 러일전쟁이 시작되었습니다. 일본은 인천 앞바다에 있던 러시아 군함 두 척을 격침시켰습니다. 그리고 다음날에야 러시아에 선전 포고를 했지요. 중국의 뤼순과 랴오둥 반도 등에서 일본은 러시아에게 승리하였습니다. 하지만 전쟁은 쉽게 끝나지 않았습니다. 두 나라 모두 빨리 전쟁을 끝내야 하는 상황에 이르렀는데 말입니다.

우선 일본은 전쟁을 치를 돈이 부족해지기 시작했습니다. 기간도, 비용도 예상했던 것보다 두 배 이상 소모하고 말았습니다. 또 보급로가 드러난 것도 커다란 약점이었지요. 러시아 역시 더 이상 전쟁을 치를 형편이 아니었습니다. 전쟁 기간 중이던 1905년 1월 러시아 혁명의 시작이 된 '피의 일요일' 사건이 일어났기 때문입니다. '피의 일요일' 사건은 황제의 궁전 앞 광장에 모여든 평화로운 시위 군중을 제국 군대가 무차별 살상한 사건입니다.

두 나라는 마지막 전투를 치르고 다른 나라에 중재를 요청할 생각이었습니다. 그 마지막 전투가 1905년 5월에 치러진 대마도 해전이었습니다.

러시아는 육지에서의 패전을 만회하고 싶었습니다. 그래서 러시아 동쪽에서 위용을 떨치던 발트함대를 불러왔습니다. 발트함대는 러시아가 지닌 최고의 정예 함대였지요. 발트해에서 아시아 쪽으로 오는 지름길은 이집트의 수에즈 운하를 통과하는 길입니다. 그런데 수에즈 운하에 권리를 가지고 있던 영국이 발트함대의 수에즈 운하 통과를 막았습니다. 발트함대는 아프리카 남쪽 끝 희망봉을 돌아올 수밖에 없었습니다. 거의 지구의 반 바퀴를 돌아온 셈이지요.

그런저런 이유로 발트함대는 발트해의 크론슈타트 항을 떠난 지 9개월만에야 일본 근처에 이를 수 있었습니다. 그동안 함대의 군인들은 지칠 대로 지쳐버렸습니다. 러시아 함대는 대마도와 일본 사이에 있는 대마해협으로 곧장 들어갔습니다. 그때 일본의 주력 함대는 우리나라의 남해안 진해만에 있었지요.

러시아 함대는, 일본 함대가 자신들에 대항하려면 대마도를 돌아와야 한다고 생각했습니다. 그런데 일본은 러일전쟁이 일어나기 4년 전, 전쟁에 대비하여 대마도의 허리를 자르는 널찍한 운하, 만제키세토[万関瀬戸]를 파두었습니다. 일본 함대는 이 운하를 통해 재빨리 발트함대를 치러갈 수 있었습니다. 24시간 동안 계속된 해전에서 일본은, 이미 기진맥진해 있던 발트함대를 크게 물리쳤습니다.

▼ 러일 전쟁에서 일본에게 승리를 안겨준 만제키세토 운하(대마도).

대마도 전투를 마지막으로 러일전쟁은 일본의 승리로 끝났습니다. 전쟁의 뒷정리를 위해 포츠머스에서 강화 회의가 열렸지요. 이 회의 결과 러시아는 일본에게 사할린 남부를 내줘야 했고 한반도에서 손을 떼게 되었습니다.

　러일전쟁은 대한제국이 무너지는 데 결정적인 계기가 된 사건입니다. 결국 일본만이 한반도에서 강한 힘을 발휘할 수 있게 되었기 때문입니다. 이후 일본은 한반도 침략에 박차를 가했습니다. 우선 다른 강대국의 반발을 사지 않도록 조치를 취했지요. 일본의 외무부 장관 가쓰라는 미국의 국무장관 태프트와 비밀 약속을 했습니다. 미국은 필리핀을, 일본은 대한제국을 지배하고 이를 서로 눈감아준다는 내용이었습니다. 이른 바 가쓰라-태프트 밀약이지요. 영국에게도 대한제국에 대한 '보호' 조치를 승인받았습니다. 영국이 청나라와 인도에서 이익을 취하는 것을 인정해준 대가입니다.

　일본은 그 해 11월 덕수궁 중명전에서 고종을 협박하여 을사늑약을 체결하였습니다. 을사늑약의 주요 내용은 대한제국의 외교권을 박탈하고 일본이 우리의 정치에 간섭할 수 있게 한 것입니다. 이 을사늑약으로 한반도에서는 이미 식민 통치가 시작된 것이나 다름없는 상황이 되었습니다.

11
황제 폐위의 빌미가 된 헤이그 밀사 사건

1905년 11월 17일, 일본은 한일협상조약이라 불리는 불평등 조약을 고종 앞에 내놓았습니다. 그날 일본은 어전회의가 열리는 덕수궁 중명전 안팎에 무장한 군인들을 배치하여 공포 분위기를 조성하였습니다. 하지만 고종은 황제의 도장인 옥새 찍는 것을 끝내 거부하였습니다. 고종을 설득하지 못한 일본 총리 이토 히로부미는 이완용 등 을사오적을 데리고 조약을 맺었습니다. 이 조약이 바로 을사늑약입니다. '늑약'은 '굴레 륵(勒)'자와 '맺을 약(約)'자로 만들어진 낱말입니다. 굴레 쓰인 짐승은 고삐를 잡은 사람 손에 이리저리 끌려 다닐 수밖에 없지요. 그래서 '늑약'은 강제로 맺은 조약을 뜻하게 되었습니다.

일본은 다른 힘센 나라들을 자기편으로 끌어들인 후 대한제국과 을사늑약을 맺었습니다. 조약은 나라 사이의 약속이기 때문에 체결할 때는 각 나라 최고 책임자의 승인이 필요합니다. 하지만 을사늑약은

◀ 창덕궁 대조전의 흥복헌. 한일합방을 결정한 마지막 어전회의가 열렸던 곳이다.

일본 공사 하야시 곤스케와 대한제국 외무대신 박제순이 체결했지요. 황제가 도장을 안 찍은, 그것도 총칼과 대포로 무장한 군대에 포위되어 맺은 조약을 국가 사이의 정식 약속이라 할 수 없습니다. 하지만 일본은 을사늑약을 내걸고 한반도를 침략했습니다.

을사늑약의 주요한 내용은 첫째, 일본이 대한제국의 외교 업무를 지휘한다는 내용입니다. 그래서 대한제국이 국제적 성질을 가진 어떠한 조약이나 약속을 할 때는 반드시 일본 정부의 중개를 거쳐야 한다는 것입니다. 대한제국의 외교권을 빼앗은 것이지요.

둘째, 일본 정부는 서울에 통감부를 만들고 한 명의 통감을 두겠다고 했습니다. 통감은 "직접 대한제국 황제 폐하를 궁중에 알현하는 권리를 가진다"라고 했는데 이는 통감이 황궁을 멋대로 드

▼ 중명전 내부. 을사늑약 체결 2년 후, 고종은 이곳에서 세 명의 밀사를 헤이그로 파견하였다.

나들게 하겠다는 뜻이었습니다. 실제 초대 통감이 된 이토 히로부미는 황궁을 마음대로 드나들며 우리 정치에 여러 가지 간섭을 해 댔습니다.

식민지 시대가 본격적으로 시작된 한일합방은 1910년에 일어난 일이지만 을사늑약으로써 대한제국은 이미 국권을 상실한 것이나 다름없게 되었습니다. 남의 나라에 외교권을 빼앗겼고 내정 간섭을 허용했으니 나라 구실을 제대로 할 수 없게 된 것이지요. 그래서 일부 사람들은 일제강점기가 1910년부터 36년이 아니라 1905년부터 41년이라고 주장하기도 합니다.

고종은 을사늑약을 무효로 만들기 위해 무진 애를 썼습니다. 하지만 이미 외교권을 빼앗긴 상태라 대한제국을 도와주겠다고 나서는 나라는 하나도 없었습니다. 고종은 이 문제의 부당함을 알리기 위해 네덜란드 헤이그에서 열린 제2차 만국평화회의에 비밀리에 특사를 파견했습니다. 만국평화회의는 주요 국가의 대표와 기자단이 모이는 자리였지요.

그러나 특사로 파견된 이준, 이상설, 이위종은 회의장에 들어가지도 못했습니다. 외교권을 빼앗긴 대한제국 대표에게는 회의 참가 자격이 없었기 때문입니다. 회의에 참석한 사람들은 한결같이 "개인적으로는 대한제국을 동정하지만 외교권이 없으니 우리가 할 수 있는 일이 없다"라고 말했습니다. 그나마 각국 기자단에게 억울함을 호소한 덕분에 '한국의 호소'라는 글이 여러 나라의 신문에 실리게 되었습니다. 그 기사를 읽은 사람들은 대한제국을 동정했지만 결과는 달라진 것이 없었습니다. 특사 중 이준은 고국에 돌아오지 못한 채 그

곳에서 병을 얻어 세상을 떠났습니다.

일본은 헤이그 밀사 파견이 한일협약 위반이라며 고종에게 책임을 물었습니다. 황제의 자리에서 물러날 것을 강요했지만 고종은 거부했지요. 그러나 일본은 끈질기게 고종을 괴롭혔습니다. 결국 고종은 자리에서 물러나는 대신 황태자의 대리 청정을 명했습니다. 대리 청정은 황제 대신 황태자가 나랏일을 하게 하는 제도입니다.

1907년 7월 19일은 고종이 황태자의 대리 청정 의식을 거행할 것을 명한 날입니다. 그런데 같은 날로 기록된 <순종실록> 첫 번째 기사에는 순종이 황제의 자리를 이어받은 것으로 쓰여 있습니다. 친일파 대신들이 슬그머니 선위(임금이 살아서 임금의 자리를 물려줌)의 형식으로 고종을 강제 퇴위시킨 것입니다. 또 일본은 고종 퇴위 이후 재정 부족을 이유로 대한제국의 군대를 해산했습니다. 마침내 대한제국은 나라를 도둑맞고 황제의 자리를 강제로 내놓게 되었으며 나라를 지킬 군대마저 잃은 지경에 처하고 말았습니다.

고종은 어쩔 수 없이 황제의 자리를 순종에게 물려주고 태황제가 되었지요. 조선의 제26대 임금이며 대한제국 최초의 황제였던 고종은 한일합방 후 이태왕으로 격하되어 살다가 1919년 67세에 세상을 떠났습니다.

얼결에 황제가 된 순종은, 1910년 나라를 완전히 빼앗길 때까지만 3년 동안 황제의 자리에 있었습니다. 나라 안팎에서 수많은 사건이 꼬리를 물고 일어났던 고종 때와는 달리 순종 때는 폭풍 전야처럼 조용했습니다. 이미 대한제국은 나라를 빼앗긴 상태였고 일본의 계획적인 침략이 거침없이 진행되었기 때문입니다.

1907년 일본은 한일신협약(정미7조약) 맺을 것을 강요했습니다. 이로써 국정 전반을 일본인 통감이 간섭하였고 정부 각부의 장관까지 일본이 임명하였습니다. 또 경제 수탈을 위해 동양척식주식회사를 설립하였고 사법권마저 빼앗아버렸습니다. 이로써 순종은 정치, 경제, 사회의 모든 면에서 허수아비 황제가 되고 말았습니다.

12
안중근 의사, 이토 히로부미를 총살하다

헤이그 밀사 파견을 빌미로 일본은 고종을 황제의 자리에서 끌어내렸습니다. 그리고 황태자였던 순종을 황제로 만들었지요. 하지만 일본은 여전히 마음을 놓을 수 없었습니다. 대한제국이 완전히 자신들의 독차지가 되지 않았기 때문입니다. 대한제국 황제가 언제 다시 다른 나라에 도움을 요청해 일본의 손아귀에서 빠져나갈지 알 수 없는 일이었습니다.

일본은 헤이그 밀사 사건이 있었던 1907년부터 대한제국을 어떻게 차지할 것인가에 대해 본격적으로 궁리하기 시작했습니다. 러시아처럼 무찔러버릴 것인가, 보호국으로 삼을 것인가, 아니면 합병을 할 것인가? 일본의 야욕 앞에 대한제국은 바람 앞에 선 등불 신세가 되고 말았습니다.

을사늑약이 맺어진 이후 울분을 참을 수 없었던 우리 국민은 일본의 만행에 강력하게 저항했습니다. 의병을 일으켜 일본군과 싸우

◀ **독립기념관에 있는 안중근 의사 동상.**

▲ 순종의 유릉(경기도 남양주시)은 황제의 능이기 때문에 조선 왕릉과 전혀 다른 모습으로 만들어졌다.

기도 했고, 나라를 팔아먹은 관리나 일본인에 대해 응징하기도 했습니다. 그 중 가장 대단한 일은 이토 히로부미 총살 사건입니다. 서른 살의 청년 안중근은 중국 하얼빈 역에서 을사늑약의 원흉이고 초대 통감이었던 이토 히로부미를 권총으로 쏘아 죽였습니다.

1909년 7월 이토 히로부미는 대한제국과 만주 문제를 어떻게 처리할 것인가 상의하기 위해 러시아의 재무장관 코코프체프와 만났습니다. 이토가 하얼빈에 온다는 정보를 입수한 안중근은 역으로 숨어들었습니다. 회담을 마친 이토와 코코프체프가 러시아 의장대를 사열하고 군중 쪽으로 다가가는 순간 안중근은 권총을 쏘았습니다. 그 중 세 발이 이토 히로부미에게 명중했습니다. 안중근은 그 자리에서 러시아 어로 '코레아 우라(대한 만세)'를 외치고 체포되었습니다.

안중근은, 이토 히로부미가 열다섯 가지 죄를 지은 죄인이니 총살당하는 것이 정당하다고 주장했습니다. 안중근은 이토의 죄명으

로, 대한제국의 외교권을 빼앗은 것, 명성황후를 시해한 것 등을 들었지요. 그런 죄인을 총살하는 것은 우리나라의 독립과 동양의 평화를 위해 정당한 일이라고 당당하게 밝혔습니다. 안중근은 이토 히로부미를 총살한 다음 해인 1910년 3월 26일 중국의 뤼순 감옥에서 사형되었습니다.

이토 히로부미가 살해당하자 일본에서는 대한제국 문제를 빨리 마무리 지어야 한다는 여론이 들끓었습니다. 일본은 데라우치 마사다케를 통감으로 보냈습니다. 그는 육군 대신 출신이었습니다. 통감으로 부임한 데라우치는 서울 시내 곳곳에 무장한 군인과 경찰 등을 배치하여 공포 분위기를 조성하였습니다.

일본은 1910년 8월 22일 이완용을 앞세워 기어이 대한제국을 강제 병합하는 조약을 맺게 하였습니다. 그날 창덕궁 대조전의 흥복헌에서 '한일합병조약'을 최종 승인하고 이를 실행토록 내각에 위임

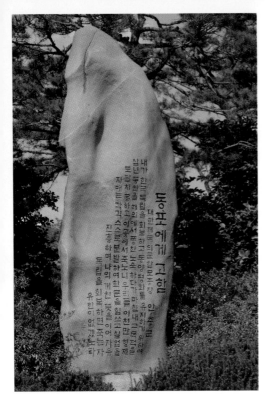

▲ 안중근 의사의 어록비(독립기념관). "···**독립을 위해 죽는 자는 한**
이 없겠노라"라고 쓰여 있다.

하는 어전회의가 열렸습니다. 대한제국의 마지막 어전회의 였지요. 이 회의에는 총리대 신 이완용 등 국무대신 외에 황족 대표, 원로 대신들이 참 석했습니다.

한일합병조약의 주요 내 용은 "제1조 한국 황제 폐하 는 한국 전부에 관한 일체 통 치권을 완전히 또 영구히 일 본 황제 폐하에게 양여한다. 제2조 일본국 황제 폐하는 전 조에 게재한 양여를 수락하 고 또 완전히 한국을 일본 제 국에 병합하는 것을 승낙한 다"라는 것이었습니다. 다시 말해 대한제국 황제는 모든 통치권을 완전히 또 영원히 일본 황제에게 넘겨주고 일본 황제는 대한제국을 일본에 합치는 것을 승낙한다는 내용입니다.

차마 합병 조약 서류에 자기 손으로 옥새를 찍을 수 없었던 순 종은 이완용을 전권 위원으로 임명하고 구체적인 내용에 대해서는 일본 통감 데라우치 마사다케와 상의해서 결정하도록 하였습니다.

그날 어전회의를 병풍 뒤에 숨어서 지켜본 마지막 황후 순정효 황후는 이완용에게 옥새를 내주지 않으려고 치마폭에 감췄답니다.

하지만 결국 황후는 자신의 삼촌인 윤덕영에게 옥새를 빼앗기고 말았지요. 옥새를 받아들고 흥복헌을 나온 이완용은 조선 통감 관저로 달려가 데라우치와 함께 '한일합병조약'에 서명 날인하였습니다.

서명은 8월 22일에 했지만 발표는 바로 할 수 없었습니다. 백성들의 반발이 있을 것을 우려했기 때문입니다. 일본은 병합에 반대하는 대신들을 가두고 순종에게 한일합병조약을 선포하도록 강요했습니다. 이 선포식은 창덕궁 인정전에서 열렸습니다. 우리가 지금 나라가 치욕을 겪은 날, 국치일(國恥日)로 기억하는 8월 29일은 대한제국의 마지막 공식 행사인 한일합병조약 선포식이 열린 날입니다. 이미 1905년 을사늑약으로 외교권을 빼앗기고 일본의 내정 간섭을 허락한 대한제국은 이 행사 이후 통치권을 '완전하고도 영구히' '일본국 황제'에게 내주고 말았습니다.

이후 순종은 황제에서 왕으로 지위가 떨어졌습니다. 일본 사람들은 순종을, 자신들의 '천황'을 모시는 신하로 만들어버렸지요. 그들은 순종을 '창덕궁 이왕'이라고 불렀습니다. 나라 이름도 대한제국을 버리고 다시 '조선'으로 부르게 했습니다. 요즘도 가끔 들을 수 있는 '이조(李朝)'라는 말은 '이씨 조선'을 줄인 말입니다. 이는 일본이 대한제국의 역사를 말살하고 우리의 왕조를 격하하기 위해 이 무렵 만든 말입니다. 그러니 '이조'라는 말은 가능한 한 쓰지 말아야겠지요.

순종은 1926년까지 창덕궁에서 살다가 마지막 어전 회의가 열렸던 그곳 흥복전에서 세상을 떠났습니다. 대한제국의 마지막 황제였던 순종은 경기도 남양주시에 있는 유릉에 묻혔습니다.

13

일본에 맞서기 위한 애국 계몽과 실력 양성

1910년 8월 29일 이른바 '한일합병조약'이 선포되면서 한반도에 대한 일본의 식민 통치가 시작되었습니다. 이때부터 1945년 8월 15일, 전쟁에 패배한 일본이 한반도에서 물러갈 때까지 36년 동안을 일제강점기라고 합니다. 이는 '일본 제국주의자들이 강제로 점령한 시기'라는 뜻입니다. '제국주의'는 자기네 나라를 황제의 나라로 여기고 그 밑에 여러 식민 국가를 거느리겠다는 생각입니다. 제국주의 국가가 식민지를 가지려던 가장 큰 이유는 식민지로부터 자원과 노동력을 거의 공짜로 빼앗아 자신들의 배를 불리기 위함입니다.

조선이 나라의 문을 연 이후 대한제국을 거쳐 일제강점기가 시작될 때까지 여러 힘센 나라가 한반도에서 경제적 이권을 차지하려고 안간힘을 썼습니다. 일본은 물론 프랑스, 러시아, 미국 등은 철도를 놓을 수 있는 권리, 광산에서 금 등을 캘 수 있는 권리, 산에

◀ 도산 안창호 동상. 그는 암울하던 시기에 민족이 나아갈 길을 알려준 교육자이며 사상가이다.

서 나무를 베어갈 수 있는 권리 등 돈이 될 만한 권리는 앞 다투어 차지했습니다. 그 중 철도 부설권은 한반도에서 빼앗은 자원을 자기네 나라로 싣고 가기 편하게 항구까지 길을 놓는 아주 중요한 권리였습니다.

나라와 나라 사이에 이런 권리를 인정하려면 조약을 맺어야 하지요. 그런데 이때 조선(대한제국)이 맺는 조약에는 '최혜국 대우'라는 말이 들어가기 시작했습니다. 최혜국 대우는, 어떤 나라와 조약을 맺을 때 들어 있지 않은 내용이라도 뒤에 다른 나라에게 인정한 내용은 앞서 조약을 맺은 나라에도 인정해야 한다는, 억지나 다름없는 대우입니다. 이는 불평등 조약의 대표적인 조항이지요. 힘이 없던 조선은 이런 저런 불합리한 이유 때문에 힘센 나라들과 불평등한 조약을 맺게 되었습니다. 그 결과 한반도의 거의 모든 이권을 힘센 나라들에 내줄 수밖에 없었습니다.

물론 이런 상황을 국민들이 그냥 보고만 있었던 것은 아닙니다. 1905년 을사늑약 이후 나라의 권리를 되찾자는 여러 운동이 곳곳에서 일어났습니다. 국권 회복 운동은 크게 두 가지로 나눌 수 있습니다. 그 하나는 의병 활동이고 다른 하나는 애국 계몽 운동 혹은 실력 양성 운동입니다.

국권 회복을 위한 의병 활동은 1907년 군대가 강제로 해산된 후부터 본격적으로 시작되었습니다. 이후 의병은 일본군과 맞서 치열하게 싸웠지요. 그런데 일본은 의병 부대를 잔혹하게 무찌르는 데서 그치지 않고 의병의 가족들까지 무참히 살해하는 등 만행을 저질렀습니다. 한일합방이 되면서 의병들은 국내에서는 더 이상 활동을 할 수 없게 되었습니다. 그래서 그들은 중국 만주로 건너가 무장 독립군으로 이어지기도 했습니다.

애국 계몽 운동과 실력 양성 운동은, 일본에게 빼앗긴 국권을 되찾기 위해서는 우선 우리의 실력을 길러야 한다는 생각에서 시작되었습니다. 이는 신교육 운동, 언론 계몽 운동, 국채보상운동, 국학 운동, 민족 종교 운동 등을 중심으로 전개되었습니다.

신교육 운동을 벌였던 사람들은 국민에게 근대 교육을 시키기 위해 전국에 5천여 개의 사립학교를 세웠습니다. 또 국어와 국사 교육에 힘을 쏟자는 움직임도 활발하게 일어났지요. 국어학자 주시경은 국민을 계몽하여 국권을 회복하려면 국어를 제대로 가르치는 것부터 시작해야 한다고 주장했습니다. 신채호와 박은식 등에 의해 근대

▼ 도산공원(서울 강남구 도산대로)에 있는 안창호 선생의 어록비.

사학이 시작된 것도 이 무렵입니다.

황성신문, 만세보, 대한민보, 대한매일신보 등 신문도 속속 발간되었지요. 이 신문들은 새로운 소식을 알리고 나라와 민족, 그리고 더 큰 세상까지 내다볼 수 있는 넓은 시야를 갖도록 국민들을 독려했습니다. 또 종교계에서는 일본 종교가 우리나라에 들어오는 것을 막기 위해 민족 종교 운동을 펼쳤습니다. 동학에서 시작된 천도교, 단군교에서 시작된 대종교는 종교 운동을 항일 운동으로 이어갔습니다.

그런데 일본은 여러 가지 방법을 동원해 이런 운동들을 방해했습니다. 1908년 사립학교령을 내려 신교육 운동을 규제했고 1909년에는 출판법을 제정하여 나라 사랑을 강조한 책들을 압수하고 원고는 검열을 받도록 하였습니다.

▼ 세종로공원(서울 종로구 한글가온길)에 마련된 한글학자 주시경 기념물.

애국 계몽 운동의 대표적인 인물로 도산 안창호를 꼽을 수 있습니다. 그는 우리 민족을 세계의 모범 민족, 일등 국민으로 만들고자 노력했지요. 안창호는, 비밀 결사 조직 신민회를 통해 대성학교와 청년학우회 등을 운영하면서 항일·계몽 운동을 펼쳤습니다. 신민회는 1910년 일본이 조작한 105인 사건에 의해 강제 해산되었습니다.

105인 사건은 안명근의 모금 운동이 빌미가 되어 일어났습니다. 황해도 사람 안명근은 북간도로 망명해 군자금을 모으다가 1910년 12월 평양역에서 일본 경찰에 잡혔습니다. 안명근은 신민회 회원은 아니었습니다. 그런데 조선총독부는 안명근이 신민회의 지시에 따라 모금을 했다고 조작했지요. 그래서 황해도 일대의 지식인과 재산가 등 유력 인사들을 검거한 사건이 105인 사건입니다.

일본에게 진 나라 빚을 갚아 국권을 되찾자는 움직임도 일었습니다. 바로 국채보상운동입니다. 1907년부터 1년에 걸쳐 펼쳐진 이 운동의 핵심은 담배를 끊자는 것이었습니다. 일본에 진 빚을 2천만 국민이 3개월 동안 담배를 끊어서 마련한 돈으로 갚자는 취지였지요. 모금 운동도 활발하게 벌어져 전 국민이 적극 참여했습니다.

그런데 국채보상운동도 일본의 방해로 흐지부지되고 말았습니다. 일본은 이 운동의 중심이었던 대한매일신보의 베델 사장과 양기탁이 성금을 멋대로 사용했다고 거짓으로 사건을 만들었습니다. 결국 베델은 추방되고 양기탁은 구속되었습니다. 재판에서 양기탁이 무죄를 선고받았을 때는 이미 국채보상운동의 열기가 사그라진 후였습니다.

14
우리 민족이 자주민임을 외친 3·1운동

'식민'이라는 낱말은 '심을 식(植)'자와 '백성 민(民)'자로 이뤄져 있습니다. 글자 그대로만 보면 '백성을 심는다'라는 뜻입니다. 대체 어디에다, 어떤 백성을 어떻게 심는다는 말일까요? 물론 심을 곳은 지배를 당하는 식민지입니다. 그런데 심을 백성은 지배를 하는 나라 사람들이지요. 일본은 한반도를 식민지로 만들고 우리 땅에 자기네 나라 사람들을 데려다 살게 했습니다. 그러기 위해서는 우리 민족이 살던 땅을 빼앗아야 했지요. 일본은 자국민의 '식민'을 위해 무엇보다 먼저 토지 조사 사업을 실시했습니다.

일본은, 땅을 가지고 있는 사람들은 정해진 날짜 안에 관청에 신고하라고 했습니다. 얼핏 보면 토지 조사 사업은 별 문제가 없어 보였습니다. 일본은 토지의 주인이 누구인지 분명히 해두는 '조사'이며, 신고하면 원래 주인에게 그 땅의 소유권을 인정해주겠다고 했으니까요.

◀ **탑골공원**(서울 종로구 종로)**의 3·1만세운동 기념물.**

하지만 당시의 현실로는 일본의 토지 조사 사업에 많은 문제가 있었습니다. 우선 일본 사람들이 우리나라에 와서 토지 조사 사업을 한다는 것부터 받아들일 수 없는 일이었습니다. 또 당시에는 토지 소유권이 분명하지 않은 경우도 많았습니다. 문중의 땅 등에서 농사를 짓던 농민들에게는 소유권이라는 개념 자체가 생소했을 수도 있지요. 교육을 받지 못한 농민들은 복잡한 신고 절차도 감당하기 어려웠습니다. 또 조상 대대로 농사짓고 살아온 땅에 무슨 신고가 필요하냐, 설마 땅을 뻐가기야 하겠느냐 등의 생각으로 신고를 안 하기도 했습니다. 물론 일본은 신고를 돕기 위한 계몽이나 홍보, 교육 같은 것도 하지 않았습니다. 처음부터 땅을 빼앗기 위한 조사였으니까요.

▼1915년 일본으로 옮겨졌다가 1995년 돌아온 경복궁 자선당 유구. 건물은 없어지고 돌 기단만 남아 있다.

몇 차례에 걸친 토지 조사 사업이 다 끝났을 때 조선총독부로 넘어간 땅은 전국 토지의 40%에 이르렀습니다. 이 땅은 총독부가 직접 소유하거나 동양척식회사라는, 일본 정부가 세운 회사 혹은 개인에게 싼 값에 팔렸습니다. 우리 땅의 주인이 일본 사람들로 바뀌게 된 것입니다. 농민들은 일본인 지주 밑에서 엄청난 세금을 내야 하거나 아예 그 땅에서 쫓겨나는 신세가 되었습니다. 쫓겨난 농민들은 조국을 등지고 중국으로, 러시아로 떠날 수밖에 없었지요. 그렇게 중국으로, 러시아로 건너간 사람들과 그 후손들이 지금 중국의 조선족, 러시아의 카레이스키가 되었습니다.

　　이 무렵 일본은 수없이 많은 우리 문화재를 훼손하고 빼앗아갔습니다. 경복궁을 헐어버리고 그 자리에 조선총독부를 짓는가 하면

경복궁의 동궁이었던 자선당은 아예 건물을 통째로 일본으로 옮겨 갔습니다. 대한제국의 상징이라 할 수 있는 환구단을 없애고 그 자리에 호텔을 지었습니다. 경희궁의 정문은 떼어다 이토 히로부미를 추모하는 사당 정문으로 썼고 경희궁의 정전인 숭정전 건물은 불교 사원으로 팔기도 했습니다. 큰 건물도 이렇게 약탈을 했으니 옮기기 쉬운 그림이나 골동품 등의 경우 빼앗긴 문화재의 수를 헤아리기 어려울 정도였지요.

일본이 한반도를 차지하고 약탈에 열을 올리고 있을 무렵 제1차 세계대전이 일어났습니다. 제1차 세계대전은 제국주의 국가들이 서로 식민지를 더 많이 가지려고 경쟁하다가 일어난 전쟁입니다. 이미 많은 식민지를 차지하고 있던 영국과 프랑스 등과 식민지 쟁탈에 새롭게 뛰어든 독일, 오스트리아 등의 세력이 맞서 싸운 것이지요.

미국은 뒤늦게 참전하여 영국 등이 이기는 데 큰 공을 세웠습니다. 덕분에 발언권이 강해진 당시 미국 대통령 윌슨은 패전국의 식민지 처리에 민족 자결주의를 적용해야 한다고 주장했습니다. 민족 자결주의는, 한 민족의 운명은 그 민족 스스로가 알아서 결정하게 하자는 주장이지요. 이에 우리나라를 비롯하여 식민 지배를 받던 많은 나라 사람들이 독립에 큰 기대를 갖게 되었습니다.

윌슨 대통령이 민족 자결주의를 주장한 것은 1919년 초였습니다. 그해 1월 21일 고종 황제가 세상을 떠났습니다. 건강하던 고종의 갑작스런 사망 소식에 나라 안에는 고종이 독살되었다는 소문이 퍼지기 시작했습니다. 총독부의 사주를 받은 이완용이 사람을 시켜 고종이 마실 식혜에 독을 탔다는 소문이지요. 그 소문을 들은 국민들은 이제껏 일본을 향해 쌓였던 울분을 한꺼번에 터뜨리게 되었습니다. 이렇게 민족 자결주의가 배경이 되고 고종의 독살설이 도화선이 되어 일어난 사건이 3·1만세운동입니다.

1919년 3월 1일 민족 지도자 서른세 명은 서울 종로의 태화관에 모여 독립선언서를 낭독했습니다. 독립선언서는 우리나라가 자주 독립국이고 우리 민족이 자주민임을 세계 모든 나라에 알리는 내용으로 이뤄졌지요. 같은 날 정오 탑골공원에서는 수많은 사람이 모여 독립 만세를 불렀습니다. 이 만세 운동은 남녀 노소 각계 각층의 군중이 참여한 대규모 시위의 물결이 되어 전국으로 퍼져나갔습니다.

일본은 비폭력 평화 시위인 3·1만세운동을 무자비하게 탄압했습니다. 총칼을 동원하여 시위 군중을 죽이고 감옥에 가두고 모진 고문을 하는 등 온갖 잔인한 방법으로 시위를 잠재우려 했습니다. 수원 제암리나 화성 송산면에서는 사람들을 교회에 가두고 불을 지르거나 마을 전체를 불태우며 주민들을 무차별로 학살했습니다. 일본의 이런 무자비한 탄압에도 불구하고 만세 운동의 불길은 석 달이 넘도록 꺼지지 않았습니다.

15
임시 정부가 세워지다

3·1 만세운동은 3개월이 넘게 계속되었습니다. 만세 운동의 불길은 전국적으로 퍼져나가 200만 명 정도가 참여했다고 합니다. 시위 횟수는 1천5백여 회에 이르고 5만 명에 가까운 사람이 체포당했습니다. 그 기간에 사망한 사람이 8천 명에 이르니 일본의 탄압이 얼마나 무자비했는가를 알 수 있지요.

만세 운동을 하다가 안타깝게 세상을 떠난 독립 열사 가운데 가장 먼저 떠오르는 사람은 유관순입니다. 유관순은 3·1만세운동 당시 이화학당 고등부 학생이었습니다. 그때 이화학당의 프라이 교장은 학생들이 시위에 참가하는 것을 막았습니다. 학생들이 다치거나 잡혀가는 것을 우려했기 때문이지요. 그래도 유관순은 학교 담을 넘어 나가서 시위에 참가했습니다.

시위가 격렬해지자 일본의 조선총독부는 휴교령을 내렸지요. 학교 기숙사에서 나와 고향 아우내(충청남도 병천)에 내려간 유관순은 그

◀ 서대문형무소였던 독립공원. 유관순은 이곳에 갇혀 모진 고문을 당한 후 숨졌다.

▲ 독립기념관에 전시된 임시 정부 요인들의 모형. 임시 정부의 정신은 오늘날까지 계승되고 있다.

곳 주민들에게 함께 만세 운동하기를 독려했습니다. 4월 1일 아우내 장터에서 만세 운동이 일어났고 유관순은 시위대의 가장 앞에 나섰 습니다. 유관순은 단상 올라 "지금 전 세계의 피압박 민족들이 독립 을 쟁취하고 있습니다. 우리도 이 아름다운 금수강산에서 원수 일본 을 몰아내고 독립을 쟁취합시다"라고 군중에게 외쳤습니다.

일본군은 이날 시위도 총칼로 진압했습니다. 유관순의 부모도 이날 총에 맞아 세상을 떠났지요. 주동자로 잡혀간 유관순은 재판 에서 5년형을 받았습니다. 유관순은 재판장에서 "나는 한국인이다.

너희 일본인은 우리 땅에 몰려와 숱한 동포를 죽이더니 마침내 나의 부모님까지 죽였다. 대체 누가 누굴 죄인으로 몰아 심판한단 말인가?"라고 당당하게 외쳤습니다. 그리고 감옥에서도 끊임없이 "대한 독립 만세"를 불렀습니다. 그때마다 혹독하고 잔인한 고문을 당했지요. 모진 고문에도 굴하지 않았던 유관순은 감옥에서 세상을 떠나고 말았습니다.

　3·1만세운동을, 단지 만세를 부르다 여러 사람이 죽거나 다치고 잡혀간 것으로 끝난 사건으로만 여겨서는 안 됩니다. 3·1만세운동의

결과 여러 가지 변화가 생겼기 때문입니다. 그 중 가장 대표적인 것은 3·1만세운동에 자극을 받아 임시 정부가 세워졌다는 것입니다.

임시 정부는 1919년 4월 11일에 상하이에서 수립되었습니다. 당시 상하이에는 서양 여러 나라의 외국인 거주 지역인 조계가 있었습니다. 그래서 일본의 감시를 피하기 좋은 곳이었지요. 임시 정부 초대 대통령에는 이승만이, 국무총리에는 이동휘가 선출되었습니다. 나라 이름은 '대한민국'으로 정했습니다. 대한제국 때 나라가 망했는데 다시 '대한'이라는 이름을 쓸 필요가 있겠냐며 반대하는 사람도 있었습니다. 하지만 "대한으로 망했으니 대한으로 다시 흥해보자"라는 의견이 나오자 다시 의논하게 되었고 다수결로 '대한'이 선택되었습니다. 대한제국 때 쓰던 국기인 태극기도 계승하여 사용하게 되었지요.

대한민국 임시 정부는 민주공화제와 대통령제를 선택하였습니다. 공화제는 국민이 선출한 대표가 나라를 다스리게 하는 제도입니다. 황제의 나라 대한제국에서 나라를 잃었으니 나라를 되찾으면 다시 황제의 나라로 돌아갈 수도 있었습니다. 그런데 공화제의 정부를 선택함으로써 왕조 시대로 돌아가겠다는 생각은 버리게 된 것입니다. 이것만으로도 임시 정부 수립은 우리 역사상 대단히 의미 있는 일입니다. 그 의미 깊은 임시 정부 수립의 배경에 3·1만세운동이 있었던 것이지요.

3·1만세운동으로 바뀐 것이 또 하나 있습니다. 바로 일본의 태도입니다. 한일합방 이후 일본은 군인과 경찰을 앞세워 우리 민족을 지배하려 했습니다. 이를 무단 정치라고 합니다. 일본은 자신들

에 저항하는 사람들을 다스리기 위해 1912년 신태형령을 발표했습니다. '태형'은 죄인에게 매질하는 형벌입니다. 조선 시대에도 곤장 등 태형이 있었지만 갑오개혁 때 폐지되었지요. 그런데 이를 일본이 되살려 우리 민족에게만 적용했습니다. 일본인들 사이에는 "조선인은 때리고 겁주면 말을 잘 듣는다"라는 식의 생각이 퍼져 있었던 것입니다. 그래서 일본 순사들은 재판도 하지 않고 우리 민족을 잡아두고 매질했습니다.

그런데 3·1만세운동을 계기로 조선총독부는 무단 통치를 문화 통치로 바꾸겠다고 발표했습니다. 우리 민족이 만만한 상대는 아니라는 것을 3·1운동으로 보여주게 된 것입니다. 그래서 일본은 우리 민족을 살살 달래는 방향으로 정책을 바꾸었습니다. 그 결과 단체 활동이나 언론 활동이 허가되었습니다. 또 민족 교육을 방해하던 규제를 풀어서 초등 교육을 확대할 수 있게 하였습니다.

그러나 일본의 태도가 정말 문화적으로 바뀐 것은 아닙니다. 겉으로만 그렇게 보이게 한 것입니다. 해방될 때까지 군인이 아닌 문관이 총독으로 임명된 적은 한 번도 없었는데 이는 무단 정치가 계속되었음을 말해주는 근거입니다. 또 헌병 경찰제를 보통 경찰제로 바꾸었지만 한편으로는 전문적인 '고등 경찰제'를 도입하여 독립 운동가들을 잡아들이게 하였지요.

그럼에도 불구하고 3·1만세운동이 우리 민족의 정기와 독립 의지를 우리 민족 스스로와 세계 여러 나라에 보여준 역사적 사건이라는 데는 다른 의견이 없습니다. 그래서 우리는 오늘날까지도 3·1만세운동의 정신을 높이 기리고 있는 것입니다.

向祖國進軍

白冶 金佐鎭

16
나라 안팎에서 일어난 항일 운동

3·1 만세운동은 미국의 윌슨 대통령의 민족자결주의 주장이 자극제가 되어 일어났습니다. 자기 민족의 장래에 대해서는 스스로 결정하게 두라는 것이 민족자결주의의 핵심이었지요. 그래서 우리도, 우리 민족이 일본과 다른 민족이고 대한제국이 자주 독립국이었음을 세계 여러 나라에 밝히면 독립이 될 것이라는 기대를 가졌습니다. 하지만 기대와 달리 힘을 가진 여러 나라의 반응은 차갑기만 했습니다.

사실 민족자결주의는 약소국의 해방과 독립을 위해서 만들어진 것이 아닙니다. 이는 제1차 세계대전의 패전국이었던 독일과 오스트리아 등의 세력을 약화하려고 내놓은 주장입니다. 덕분에 패전국들의 수많은 식민지는 독립을 얻어냈지요. 하지만 그 외의 나라들이 가졌던 식민지에는 민족자결주의가 적용되지 않았습니다. 1921년에 워싱턴에서 열린 태평양평화회의 등에서 우리 민족의 독립에 대한

◀ 만주 청산리에서 일본군을 크게 물리쳤던 김좌진 장군 동상(독립기념관).

문제는 회의 주제로 선택되지도 못했습니다.

우리 민족은 크게 실망했지요. 하지만 그냥 포기하거나 넋 놓고 있을 수만 없었습니다. 당장 독립을 맞이하기는 어렵겠지만 우리 민족이 힘을 기르면 언젠가는 기회가 올 것이라며 실력 양성에 다시 힘을 기울이기 시작했습니다. 이 무렵 일어난 대표적인 실력 양성 운동은 물산장려운동, 민립대학 설립 운동 등이었습니다. 또 6·10만세운동이나 광주학생운동 등 3·1만세운동의 맥을 잇는 항일 시위가 일어나기도 했습니다.

물산장려운동은 1907년에 일어났던 국채보상운동과 그 성격이 비슷했습니다. 국산품을 사용하고 근검 절약하여 민족 기업을 키울 수 있는 자금을 마련하자는 운동이었습니다. 민족 기업이 많아지면 우리 민족이 경제 자립을 할 수 있을 것이고 그를 통해 일본에 맞설 힘도 갖추게 될 것이라는 것이 이 운동의 취지였습니다.

"내 살림은 내 것으로"라는 표어를 내건 물산장려운동에는 전국 각지의 많은 국민이 호응했지요. 하지만 일본은 이 운동을 항일 민족 운동으로 여겨 심하게 탄압했습니다. 또 국산품을 쓰고 싶어도 늘어난 수요에 맞게 국산품을 생산할 수 있는 능력이 갖춰지지 못해 기대했던 효과를 거두기 어려웠습니다.

민립대학 설립 운동은 우리 손으로 대학을 세우자는 움직임이었습니다. 우리 민족의 고등 교육을 일본 사람들에게 맡기지 않기 위해서였지요. "한민족 천만이 한 사람이 일 원씩"이라는 구호 아래 모금 운동이 시작되었고 이 또한 많은 사람의 호응을 얻었습니다. 하지만 역시 일본의 방해 때문에 제대로 결실을 보지 못했지요. 또 가뭄과 수해가 계속되어 국민 경제가 어려워져서 모금도 잘 되지 않았습니다. 우리 민족 주도로 대학이 세워지는 것을 막기 위해 일본의 총독부는 서둘러 경성제국대학을 세웠습니다.

3·1만세운동 이후 일어난 대표적인 시위 운동으로는 6·10만세운동과 광주학생운동을 꼽을 수 있습니다.

6·10만세운동은 마지막 황제 순종의 장례식 날인 1926년 6월 10일에 일어났습니다. 3·1만세운동은 고종의 장례식에 맞춰 일어났지요. 이런 날에는 세상을 떠난 황제를 추도하기 위해 많은 사람이 거리로 쏟아져 나옵니다. 또 황제의 죽음에 대한 슬픈 감정이 나라를 잃은 설움과 분노로 바뀌기 쉽지요. 그래서 시위를 계획하는 사람들은 이런 날을 선택한 것입니다.

그런데 시위가 일어난다는 정보를 미리 입수한 일본 경찰은 주동자를 모두 잡아가두고 독립선언문도 빼앗아버렸습니다. 이렇게 시위 운동이 실패로 돌아갈 뻔했지요. 이때 고등학생과 대학생들이 나섰습니다. 장례 행렬 주위에서 태극기를 들고 독립 만세를 외친 것입니다. 이날 시위는 일본 군인과 경찰들에 의해 해산되었지만 이후 일본에 저항하는 학생 운동은 계속되었습니다.

1929년 10월 광주에서 대규모 학생 운동이 일어났습니다. 이 사건은 일본 학생들이 우리 여학생들을 조롱하고 모욕한 데서 시작되었습니다. 광주에서 떠난 통학 열차가 나주역에 도착했을 때 일본 학생 몇 명이 박기옥 등 광주여자고등보통학교 학생들의 댕기 머리를 잡아당기면서 모욕적인 발언을 했습니다. 이를 본 박기옥의 사촌 동생 박준채 등은 크게 분노하여 일본 학생들과 충돌하였지

▲ 독립기념관에 있는 윤봉길 의사 동상.

요. 그런데 현장에 출동한 일본 경찰은 일본인 학생을 편들며 박준채를 마구 때렸습니다. 이렇게 시작된 광주 학생운동은 전국으로 퍼져 나갔습니다. 다음 해 3월까지 계속된 광주학생운동에는 250여 개 학교, 5만여 명이 참여했고 잡혀가거나 퇴학 또는 무기정학을 당한 학생은 3천 명이 넘었습니다.

이렇게 나라 안에서 일본에 대한 저항 운동이 일어나고 있을 때 독립 운동가들은 나라 밖에서도 활발하게 활동했습니다. 독립군이 만들어져서 만주의 봉오동과 청산리 등에서 일본군을 크게 무찔렀습니다. 또 1932년 4월 29일에는 항일 운동 역사 중 가장 빛나는 업적인 윤봉길 의사의 의거가 일어났습니다.

윤봉길은 광주학생운동에 자극을 받아서 만주로 망명했다가 큰 뜻을 품고 상하이 임시 정부를 찾아갔습니다. 윤봉길은 상하이 훙커우 공원에서 열리는 일본의 전승 축하 행사장에서 단상을 향해 도시락 폭탄을 던졌습니다. 그 자리에서 일본군 대장 등 여러 명의 일본인이 죽거나 다쳤지요. 윤봉길은 현장에서 체포되어 사형 선고를 받고 그해 12월 일본에서 처형되었습니다. 이 사건을 빌미로 일본은 상하이 임시 정부를 압박하여 우리 정부 요인들을 잡아갔습니다. 이때 안창호도 감옥에 갇혔고 임시 정부는 상하이를 떠나게 되었습니다.

17
일본, 우리 민족을 말살하려 하다

1920년대 후반 전 세계에 경제 공황이 닥쳤습니다. 미국에서 시작된 이 공황으로 전 세계의 수많은 기업과 은행 등이 문을 닫았습니다. 실업자가 늘어나서 예전에 만들어 놓았던 물건은 소비되지 못하고 창고에 쌓였지요. 그래서 기업이 이윤을 내지 못했고 공장을 가동하지 못 하게 되었습니다. 공장 문을 닫으니 더 많은 실업자가 생겼고 사람들이 돈이 없어 물건이 못 사니 다시 재고로 쌓이는 악순환이 거듭되었습니다.

이때 미국은 뉴딜 정책을 펼쳤습니다. '뉴딜'은 카드 게임에서 카드를 바꾸어 새로 시작한다는 뜻입니다. 이전까지 지켜왔던 자유방임주의 원칙을 포기하고, 국가가 적극적으로 개입하여 경제 문제를 해결한다는 방침이었지요. 미국 정부는 과잉 생산된 농산물을 정부가 사들이고 농업 생산량을 조절하여 농산물의 가격이 떨어지는 것을 막았습니다. 또 생산 조절과 최저 가격을 정하여 기업 간 과열 경

◀ 일본군 위안부 피해자의 모습을 형상화한 평화의 소녀상.

쟁을 억제하고 종합적인 지역 개발로 실업자를 구제하는 계획 등을 추진하였습니다.

영국과 프랑스는 블록 경제를 형성하여 공황을 극복했습니다. '블록 경제를 형성한다'라는 말은 몇 나라가 경제적으로 통합하여 하나의 지역(블록)을 만든다는 것입니다. 이렇게 되면 다른 나라나 지역과 무역할 때 자기들끼리 보호하며 경제적인 세력을 만들 수 있습니다.

이들 경제 블록에도 못 끼고 스스로 해결책도 마련하지 못한 독일, 이탈리아, 일본은 위기에서 벗어나기 위해 전체주의를 선택했습니다. '전체주의'는 국가 권력이 강제와 억압으로 개인 생활을 전면적으로 통제하고 지시하는 통치 체제를 말합니다. 전체주의 사회에서는 민주주의와 개인의 자유가 부정될 수밖에 없지요. 전체주의는 이

▼일본 대마도에 있는 신사. 일본은 우리나라 곳곳에 신사를 세워놓고 참배를 강요하였다.

탈리아에서는 파시즘으로, 독일에서는 나치즘으로, 일본에서는 군국주의로 나타났습니다.

군국주의를 내세운 일본은 군사력을 키워 전쟁을 일으키는 것을 국가의 가장 중요한 목표로 삼았습니다. 우선 대륙인 중국을 상대로 전쟁을 일으키기 위해 한반도를 그 전쟁을 준비하는 기지로 만들려고 했습니다.

일본은 일부러 사건을 조작하여 중국과 전쟁할 빌미를 만들었습니다. 1931년 일본은 중국 만주의 류탸오후 철도를 폭파하고 중국인들이 폭파했다고 주장하며 군대를 만주 지방으로 보냈습니다. 이렇게 일어난 전쟁이 만주사변입니다. 만주 지역을 점령한 일본은 지린[吉林]성 창춘[長春]에 괴뢰 정부인 만주국을 세웠습니다. '괴뢰'란 누군가의 손으로 조종되는 꼭두각시를 일컫는 한자어입니다. 만주 일대를 일본의 꼭두각시로 만든 것이지요. 또 1937년에는 중일전쟁을 일으켜 난징[南京]에서 약 30만 명의 중국인을 학살하여 온 세계인을 놀라게 하였습니다.

1938년 일본은 국가총동원법을 만들었습니다. 이 법에 의해 한반도의 모든 물자를 '공출'이라는 이름으로 빼앗아갈 수 있게 되었습니다. 일본은 무기를 만들기 위해 교회나 절의 종은 물론 가정집의 가마솥, 숟가락까지 거둬갔지요.

물자만 빼앗아간 것이 아닙니다. 남자들은 징용이나 징병으로 끌고 가 노동을 시키거나 전쟁터에 내보냈습니다. 젊은 여자들은 근로정신대와 일본군 위안부로 끌고 갔습니다. 근로정신대는 전쟁에 필요한 물건을 만드는 공장에 가서 혹사당하며 일했고 종군 위안부는 일본군의 성적 노예가 되어야 했습니다. 전쟁이 끝난 후 위안부는 대부분 학살당했고 간신히 목숨을 건진 몇 사람만이 고향에 돌아올 수 있었습니다. 하지만 살아 돌아온 사람들의 삶도 이미 예전으로 되돌릴 수 없는 참혹한 상태가 되었습니다.

전쟁에서 계속 이긴 일본은 그대로라면 곧 중국 대륙을 전부 차지할 수도 있겠다는 생각으로 자신감에 들떠 있었습니다. 일본은 강대국인 미국과도 한바탕 전쟁을 치를 수 있겠다고 생각했습니다. 그래서 1941년 하와이 진주만 미 해군 기지를 습격했지요. 나중에 '가미가제 특공대'라는 별명이 붙게 된 자살 특공대가 비행기에 폭탄을 싣고 미군의 전함에 날아가 부딪혀 엄청나게 많은 미군이 죽거나 다치게 되었습니다. 이로써 이미 1939년에 시작된 제2차 세계대전에 일본과 미국이 참전하게 된 것입니다.

제2차 세계대전은 미국·영국·프랑스 등 연합국과 독일·이탈리아·일본 등 3국 동맹 세력이 벌인 전쟁입니다. 일본은 이 전쟁을 치르며 필요한 물자를 한반도에서 만들기로 했지요. 그래서 쌀을 비롯한 우리의 모든 자원을 다 빼앗아가고 우리 민족을 헐값의 노동력으로 부렸습니다. 우리 쌀은 모두 일본에 빼앗기고 우리 민족은 만주에서 들여온 잡곡을 먹고 살아야 했습니다.

그뿐만이 아닙니다. 일본은 우리 민족을 일본인으로 만들기 위해 민족 말살 정책을 썼습니다. 우리가 일본인이 되고 일본 '천황'의 신하가 되어야 그들이 일으킨 전쟁에 우리 민족을 내보낼 구실을 만들 수 있었기 때문입니다. 일본은 이런 정책을 '내선일체'라고 불렀는데 이는 내지(일본)와 조선은 한 몸이라는 뜻입니다.

일본은 내선일체를 위해 우선 한국식 이름과 성을 일본식으로 바꾸는 창씨개명을 강요했습니다. 또 전국에 신사(神社)를 만들고 우리 민족에게 억지로 참배하게 했습니다. 신사는 일본 신들의 사당으로, 그 신 가운데는 살아 있는 일본 '천황'도 포함되어 있었지요.

민족 말살 정책의 중심에는 우리말을 못 쓰게 하는 정책이 있었습니다. 학교에서 우리말을 가르치지 않는 것은 물론 우리말 사용도 금지했습니다. 일본말을 쓰지 않으면 관청에서 민원 업무도 볼 수 없도록 만들었습니다.

일본에게 이렇게 심하게 시달리면서 우리나라 사람들은 조금씩 지쳐가고 어떤 사람들은 광복에 대한 희망을 포기하기도 했습니다. 그런 분위기 속에서도 나라를 되찾기 위한 안간힘은 나라 안팎에서는 끊임없이 이어졌습니다.

시인 윤동주 영혼의 터
Resting Place of Poet Yun Dong-ju's Soul

尹東柱靈魂之栖所
詩人尹東柱の魂の址

18
나라 잃은 청년들의 슬픈 운명

이번 장에서는 해방 직전 젊은 나이로 세상을 떠난 우리 민족 청년 몇 사람을 소개하겠습니다. 이 청년들의 삶과 죽음을 들여다보면 해방 직전 우리 민족이 얼마나 비참한 상황에 처해 있었는지 분명하게 알 수 있기 때문입니다.

먼저 소개하려는 청년들은 일본의 가미가제 특공대 소속 조선인 병사들입니다. 이 청년 대부분은 일본으로 유학 갔다가 전쟁이 나자 학도병으로 전쟁터에 강제로 끌려간 사람들입니다.

일본이 본격적으로 '가미가제'라는 이름을 붙여 특공대를 만든 것은 1944년 10월 무렵이었습니다. 이들 뿐만 아니라 비행기나 잠수함에 폭탄을 싣고 적에게 가서 부딪히거나, 돌아갈 시간적 여유가 없을 만큼 적에게 가까이 다가가 공격하다가 자신도 함께 폭사하는 자살 특공대를 일반적으로 '가미가제 특공대'라고 부르지요. 아직 '가미가제'라는 이름이 붙기 전인 진주만 공습 때도 일본 전

◀ **윤동주 시인의 이름이 묻힌 언덕**(서울 종로구 창의문로). 그의 시 '별 헤는 밤'의 한 구절로 등장한다.

투기 몇 십 대는 미국 군인들이 아군의 훈련 비행으로 착각할 정도로 낮게 비행하며 폭탄을 떨어뜨렸습니다. 물론 그 비행기들은 돌아가지 못했습니다.

가미가제[神風]의 원래 뜻은 '신의 바람'입니다. 이 이름이 만들어진 것은 13세기였습니다. 몽골과 고려의 연합군은 일본을 침략하려다 태풍이 불어 두 차례나 실패했지요. 그때 일본 사람들은 자신들을 구해준 태풍에 '신의 바람'이라는 이름을 붙였습니다. 그 바람이 바로 '가미가제'입니다.

일본은 전쟁이 끝나갈 무렵 다급한 마음에 가미가제 특공대를 만들었습니다. 6개월 안에 비축해둔 연료가 다 떨어질 것을 예상한 일본은 빨리 전쟁을 끝내야 했지요. 그래서 군인들에게 죽기를 각오하고 싸울 것을 요구했습니다. 또 적진까지 갈 연료만 주고 돌아올 연료는 채워주지 않았습니다.

가미가제 특공대 중 가장 나이가 어린 조선인 병사는 열일곱 살에 지나지 않았습니다. 이 청년은 가족과 친구들에게 다음과 같은 유언을 남기고 돌아오지 못할 길을 떠났습니다.

"우리는 적의 비행기가 실린 적군 함대에 돌격하여 그들을 가루 내어 보여드리겠습니다. …… 야스쿠니에서 만나자, 전우들이여, 안녕."

야스쿠니 신사는 일본을 위해 전쟁터에서 죽은 사람들을 제사 지내는 곳입니다. 제사 지내는 곳에서 만나자 하였으니 자신이 죽으러 간다는 것을 확실히 알고 있었던 것이지요.

야스쿠니 신사의 제사 대상에는 제2차 세계대전을 일으킨 전쟁범죄자들도 포함되어 있습니다. 수백만 명을 죽음과 고통에 몰아넣

▲ 일본 도쿄에 있는 야스쿠니 신사의 본당. '야스쿠니[靖國]'는 '나라를 편안하게 한다'라는 뜻이다.

은 전쟁 범죄자들에게 참배한다는 것은 전쟁을 일으켰던 과거의 잘
못에 대해 반성하지 않는다는 뜻이지요. 잘못에 대한 철저한 반성
이 없으면 이후 같은 잘못을 반복할 수 있습니다. 그래서 일본 총리
가 야스쿠니 신사에 가서 참배하는 것을 우리나라를 비롯한 주변
의 나라들이 염려하는 것입니다. 그들이 전쟁을 일으키고 이웃 나
라를 괴롭힌 과거에 대한 진심 어린 반성을 하고 같은 잘못을 되풀
이 하지 않겠다고 다짐한다면 그곳에 가서 전범들에게 고개 숙이지
않을 것이기 때문입니다.

　가미가제 특공대원이었던 청년의 유족은 참배 대상에서 청년의

이름을 빼달라고 야스쿠니 신사에 요구했지만 받아들여지지 않았습니다. "야스쿠니에서 만나자"라는 유언이 청년의 뜻이었다는 것입니다. 하지만 17세 청년이 진심으로 일본을 위해 죽고 싶었을까요? 또 정말 죽어서 야스쿠니 신사에 남고 싶었을까요?

이번 장에 소개할 또 다른 청년들은 항일 운동을 하다 붙잡혀 감옥에서 세상을 떠난 윤동주와 송몽규입니다. 일본의 민족 말살 정책이 최고조에 달하여 창씨개명을 강요하고 우리말과 글을 못 쓰게 하던 때, 심한 검열로 원고들이 삭제되기도 했지만 동갑내기 사촌 사이였던 두 청년은 굴하지 않고 열심히 시를 썼습니다.

1941년 연희전문학교를 졸업한 이들은 일본 유학을 결심했습니다. 두 청년은 반일 의식이 투철했지만 학업을 계속하지 못하면 일본

▼ 윤동주 시인의 언덕. 연희전문학교 재학 시절 윤동주는 이 부근 인왕산 자락에 자주 올랐다고 한다.

의 전쟁에 끌려가야 했으므로 어쩔 수 없이 유학을 택했습니다. 그들은 유학을 가기 위해 창씨개명을 했습니다. 이때의 부끄러운 심정을 윤동주는 '참회록'이라는 시로 남겼지요.

평소 민족의 현실과 독립에 대하여 자주 토론하던 윤동주와 송몽규는 일본 경찰의 감시 대상이 되었습니다. 하숙집을 감시하며 그들의 대화를 엿들었던 경찰은 윤동주와 송몽규를 치안유지법 위반 혐의로 체포하였습니다. 1944년 2월 두 사람 모두 징역 2년을 선고받고 일본의 후쿠오카 형무소에 갇혔습니다.

그로부터 1년 후 1945년 2월 16일과 3월 7일, 윤동주와 송몽규는 29세의 나이로 옥중에서 의문의 죽음을 당했습니다. 송몽규는 감옥에 갇힌 후 밤마다 의문의 주사를 맞았다고 친척들에게 말했습니다. 이로써 두 청년이 생체 실험을 당했을 것이라는 추측이 일기도 했지요.

송몽규의 아버지는 후쿠오카 화장터에서 아들의 시신을 화장한 후 뼈를 빻을 때 뼛가루가 튀자 주변의 흙을 모조리 쓸어 담으며 이렇게 말했답니다.

"내가 왜 내 아들의 뼛가루 한 점이라도 원수의 땅에 남기겠느냐."

가미가제 특공대원이었던 청년들과 항일 운동을 했던 두 청년, 이들이 걸었던 길은 많이 달라 보입니다. 하지만 이들 사이에는 확실한 공통점이 있습니다. 그것은 이들이 인생의 꽃을 채 피우지도 못하고 젊은 나이에 처참하게 목숨을 잃었다는 점입니다. 이들이 그런 슬픈 운명을 맞이한 가장 큰 이유는 무엇일까요? 그것은 바로 나라를 잃어버린 민족이었던 때문입니다.

19
해방은 되었지만 분단의 비극이 시작되다

1945년 8월 15일 오전, 서울 곳곳에 긴급 상황을 알리는 벽보가 붙었습니다. 정오에 중대한 방송이 있으니 모든 국민은 반드시 들으라는 내용이었습니다. 이렇게 벽보까지 붙여가며 알려야 하는 중대한 상황은 무엇이었을까요?

그날 정오, 국민들은 라디오를 듣고 깜짝 놀랐습니다. 일왕 히로히토가 일본이 항복한다고 발표했기 때문입니다. 이는 우리 민족에게 해방의 기쁨을 알리는 소리이기도 했지요.

"…… 나는 일본 제국 정부로 하여금 미·영·중·소 4개국에 그 공동 선언을 수락한다는 뜻을 통고하도록 하였다. …… 그대들 신민은 나의 뜻을 받들어라."

라디오에서 흘러나오는 일왕의 목소리는 떨리고 있었습니다. 여기서 말하는 '그 공동 선언'은 1945년 7월 26일에 발표된 포츠담 선언입니다. 이 선언은 독일 베를린 교외의 포츠담에서 열린 회담 결과

◀ **독립기념관에 있는 김구의 모형. 1945년 해방이 될 무렵 그는 임시 정부를 이끌고 있었다.**

▲소련이 38선에 철조망을 쳐서 통행을 막은 이후 남북 분단의 비극은 오늘까지 이어지고 있다(임진각).

만들어졌지요. 포츠담 선언에는 일본에 대한 항복 권고, 전쟁이 끝난 후 일본의 처리 문제 등이 담겨 있었습니다.

일본과 함께 제2차 세계대전을 일으켰던 이탈리아와 독일은 일찌감치 항복을 했습니다. 포츠담 선언이 발표될 때 일본은 홀로 남아 연합군과 싸우고 있었습니다. 일본이 항복 권고를 받아들이지 않자 미국은 '전쟁의 괴로움'을 빨리 끝내기 위해 엄청난 결정을 하였습니다. 일본에 원자폭탄을 떨어뜨리기로 한 것입니다.

　8월 6일과 9일, 일본의 히로시마와 나가사키에서 원자폭탄이 터졌습니다. 그제서야 일본은 포츠담 선언을 받아들였지요. 소련은 8월 8일 일본에 선전 포고를 했습니다. 소련은, 일본이 이미 항복할 수밖에 없을 지경에 이르렀을 때 슬쩍 끼어들어 승전국 행세를 할 수 있게 된 것입니다.

　어쨌든 일본은 항복했고 우리 민족은 해방을 맞이했습니다. 해방을 맞이한 우리 민족은 기뻐하면서도 놀라워했습니다. 해방이 '도둑같이 뜻밖에 찾아왔다'라고 말하는 사람도 있었습니다. 하지만 우리의 해방이 연합군의 힘, 즉 남의 힘으로만 이뤄진 것은 아니지요. 당시 나라 안팎에서는 많은 분이 조국 해방을 위해 밤낮을 안 가리고, 목숨을 걸고 투쟁하고 있었습니다. 그분들의 노력과 연합군의 힘이 합해져 일본을 몰아낼 수 있었던 것입니다.

　독립 운동은 주로 나라 밖에서 이뤄졌습니다. 나라 안에서는 일본의 감시와 탄압 때문에 독립 운동을 펼치기 어려웠지요. 대표적인 독립 운동으로 중국에 있었던 임시 정부와 미국 주미 외교위원회의 활동을 꼽을 수 있습니다.

　윤봉길 의사의 의거 이후 상하이에서 충칭[重慶]으로 근거지를 옮긴 임시 정부는 김구를 중심으로 움직이고 있었습니다. 그때 임시 정부는 한국광복군을 만들어 훈련시키고 있었습니다. 또 1941년 12월 태평양 전쟁이 일어났을 때 일본에 선전 포고도 했지요. 임시 정부는 광복군을 한반도에 침투시켜 일본군을 무찌르는 데 힘을 보태려고 준비했지만 계획보다 일본이 일찍 항복하는 바람에 그 힘을 드러내지 못했습니다.

▲ 독립기념관에 마련된 독립 운동가들의 귀국 장면 모형. 왼쪽부터 이승만, 김구, 조소앙.

미국의 주미 외교위원회는 이승만을 중심으로 활동하고 있었습니다. 이승만은 미국에서 열리는 국제 회의장에 다니며 우리의 독립을 호소했지요. 하지만 그때까지 일본의 본모습을 알지 못했던 미국은 이를 무시했습니다. 1941년 이승만은 <일본 내막기>라는 책을 펴냈습니다. 이 책에는 일본이 미국을 공격할 것이라는 내용이 담겨 있었습니다. 그런데 정말 그해 12월에 일본이 미국을 공격했습니다. 그 후 이 책은 미국에서 베스트셀러가 되었지요.

이승만은 공산 국가인 소련이 한반도에 들어오면 큰 위험이 닥칠 것이라고도 미국에 경고했습니다. 소련을 막으려면 임시 정부를 승인해줘야 한다고 설득했지만 미국은 이 역시 외면했습니다. 그때까지 소련은 미국과 같은 편에서 전쟁을 치르는 나라였기 때문이지요.

이승만은 포기하지 않고 '미국의 소리'라는 방송을 통해 고국의 동포들에게 희망의 소리를 전했습니다. "…… 일제는 전쟁에 패하고 있고 우리 임시 정부가 미국의 승인을 얻어 연합군의 일원으로 참가할 날이 가까워지고 있습니다. ……"라는 내용이었습니다.

나라 안팎에서 이뤄진 이런 노력에 힘입어 우리 민족은 드디어 해방을 맞이했습니다. 하지만 우리를 기다리고 있는 것은 한반도의 분단이라는 비극적인 상황이었지요. 소련은 8월 9일부터 군대를 움직여 거침없이 우리의 국경을 넘어왔습니다. 소련은 한반도와 국경을 맞대고 있었기에 이렇게 빠르게 군대를 보낼 수 있었습니다.

그에 비해 미군은 소련군이 서울을 점령하기 전에 한반도로 들어오기 어려운 형편이었습니다. 일본의 오키나와에 주둔하고 있었기 때문이지요. 그때 한반도 전체가 소련의 지배 아래 들어갈 뻔한 위기에 처하게 되었습니다. 그 급박한 사태를 막기 위해 미국은 북위 38도선을 경계로 나누어 한반도에 들어오자고 소련에 제안했습니다. 소련은 그 제안을 받아들였지만 8월말에는 38선을 막아버렸습니다. 원래 38선은 미국과 소련의 점령지를 구분 짓기 위한 단순한 경계선이었지요. 그런데 소련이 그곳에 철조망을 치고 길을 끊어버렸습니다. 오늘날까지 우리를 괴롭히는 남북한의 분단 상황은 그렇게 시작된 것입니다.

20
북한 공산주의 체제 설립에 성공한 소련

38선과 휴전선은 다릅니다. 38선은 말 그대로 지도에 그려진 북위 38도선이지요. 6·25전쟁 전까지 한반도는 38선에 의해 분단되어 있었습니다. 그때 개성은 남한이었고 설악산은 북한이었습니다. 휴전선은 6·25전쟁 때 휴전 협정이 맺어지던 그 순간의 전선(戰線)을 말합니다. 지금 남한과 북한을 나누는 경계선은 휴전선입니다.

한반도의 허리 38선에 철조망을 쳐놓고 소련은 북한에서 무슨 일을 벌였을까요? 소련은 북한에 자신들의 말을 잘 듣는 정권을 세우기 시작했습니다. 예전에는 북한을 '북괴'라 불렀습니다. '북괴'는 '북한 괴뢰'의 줄임말입니다. '괴뢰(傀儡)'는 줄에 의해 움직이는 꼭두각시를 뜻하는 한자어이지요. 소련은 북한을 꼭두각시로 만들어 자신들의 뜻대로 조종하기 시작했습니다.

◀ 북위 38도선 표지석. 휴전선이 38선보다 북쪽에 만들어진 강원도에 가면 이런 표지석들을 볼 수 있다.

남한에서 군정을 실시했던 미국은 3년이 지나 우리 민족이 나라를 세웠을 때 모든 권한을 우리 대한민국 정부에 넘겨주었습니다. 그런데 소련은 군정을 실시하지 않았습니다. 또 자신들은 점령군이 아님을 늘 강조하였지요. 1945년 8월 26일에 평양의 미림 비행장에 도착한 소련군 총사령관 치스차코프 대장도 다음과 같은 약속으로 첫인사를 대신했습니다.

"우리는 정복군으로서가 아니라 해방군으로서 이곳에 왔습니다. 우리는 우리의 질서를 당신들께 강요하지 않을 것입니다."

하지만 소련은 자신들의 사상과 이념, 질서에 따르는 체제를 북한에 만들었습니다. 그리곤 30년이 넘도록 북한의 뒤에서 그들을 꼭두각시처럼 조종했습니다.

▼강원도 철원은 6·25전쟁 전에는 북한이었고 이 건물은 북한의 노동당사로 사용되었다.

    38선을 막아서 한반도의 허리를 잘라놓았던 소련은 겉으로는 한반도에 통일 정부를 세우는 데 골몰하는 것처럼 보였습니다. 미국과 공동위원회를 열어 한반도 문제에 대해 논의하자고도 했습니다. 하지만 뒤에서는 북한에 공산주의 체제를 만드는 일을 서두르고 있었지요. 소련은 공산주의 정부를 세우기 위해 북한에 공산당을 만들었습니다.

    공산당을 만드는 일은 소련이 내세운 김일성이 앞장서서 실행했습니다. 공산주의에는 한 나라에 하나의 공산당만을 둔다는 원칙이 있었습니다. 그런데 그때 남한에는 이미 조선공산당(나중에 남조선노동당남로당으로 조직을 바꿈)이 있었습니다. 남한에서 공산당을 이끌던 박헌영이 크게 반발했지요. 하지만 소련군은 박헌영을 설득하여 동의를

얻었습니다.

1945년 10월 14일 소련군 사령부는 평양에서 '김일성 장군 환영 평양 시민대회'를 성대하게 열어 김일성을 북한 주민들에게 소개했습니다. 진짜 '김일성 장군'은 북한 주민들에게 잘 알려진 독립 투사였지요. 나이가 든 진짜 김일성 장군이 나타날 것을 기대했던 북한 주민들은 젊은 김일성을 보고 깜짝 놀랐습니다. 하지만 서른세 살의 김일성은 소련의 전폭적인 지원을 받아 곧 '위대한 수령' '민족의 태양' 자리에 오르게 되었습니다.

소련은 북한을 해방시킨다고 해놓고 이전보다 더 심한 속박의 굴레를 씌웠습니다. 그 사실을 북한 주민들이 알기까지는 채 100일도 걸리지 않았지요. 해방된 지 100일 되던 1945년 11월 23일에 기어이 그 불만이 바깥으로 터져 나왔습니다. 평안북도 신의주의 학생 3천5백여 명이 "공산당을 몰아내자" "소련군은 물러가라"라는 등의 구호를 외치며 시위를 시작했습니다. 소련군의 억압적 정책에 반감을 가지고 있던 일반 주민들도 함께 나섰습니다. 하지만 소련군은 시위대를 향해 기관총을 쏘았지요. 이날 학생 20여 명이 목숨을 잃었고 1천여 명이 체포되었습니다. 이 사건을 '신의주 학생 의거'라고 합니다.

소련은 이렇게 공산주의에 반대하는 사람들을 학살까지 하면서 공산주의 체제를 만드는 일을 서둘렀습니다. 그러면서도 겉으로는 계속 한반도의 통일과 독립에 대해 이야기했지요. 1945년 12월 말, 소련의 수도 모스크바에서 미국·영국·소련의 외무부 장관이 모여 회의를 했습니다. 이 회의에서는 다음과 같은 내용이 결정되었습니다.

"한국에 임시 정부를 만들고 새로 만든 이 정부와 협의하여 미·영·중·소 4국이 최대 5년 동안 신탁 통치를 한다. 이를 추진하기 위해서는 미국과 소련의 공동위원회를 만든다."

여기서 이야기하는 임시 정부는 남북한의 통일된 정부입니다. 그런데 소련은 미소공동위원회가 열리기도 전인 1946년 2월 8일에 북조선 임시 인민위원회를 만들고 김일성을 위원장에 앉혔습니다. 정부라는 말을 사용하지 않았지만 북조선 임시 인민위원회는 북한만의 단독 정부나 다름없었습니다.

이 임시 위원회는 북한을 공산화하는 일을 거침없이 진행했습니다. 1946년 3월부터 토지 개혁을 실시했고 그 해 말에는 90% 이상의 공업 시설을 나라 재산으로 만들었습니다. 그 무렵 북한에는 공산주의 체제에 대해 더 이상 반대할 사람이 없었습니다. 반대하던 사람은 모두 죽임을 당했거나 감옥에 갇혔거나 혹은 남한으로 도망쳐 왔기 때문입니다.

1947년 초 평양에서는 북조선 인민위원회가 만들어졌습니다. 북한에서는, 김일성을 위원장으로 한 이 조직도 정부라 하지 않았습니다. 하지만 최고 집행 기관이라 불리는 이 위원회에서는 인민군을 만들고 계획 경제를 실시하는 등 정부가 하는 일을 도맡아 했지요. 결국 소련은, 남한에 대한민국이 세워지기 훨씬 전에 북한에 공산주의 체제를 세우는 데 성공한 것입니다.

21
온 나라를 들끓게 한 신탁 통치 결정

김일성 등이 소련의 지령을 받아 북한에 공산주의 정권을 만들고 있을 때 남한에서는 무슨 일이 일어났을까요? 남한에서는 통일 정부를 기대하며 우익과 좌익이 서로의 주장을 지켜내기 위해 심각한 갈등을 겪고 있었습니다.

1945년 9월 8일 미군이 남한에 들어왔습니다. 해방된 지 23일만이었지요. 남한에 들어온 미군이 할 일은 일본군의 무장을 해제하고 큰 사고가 일어나지 않도록 치안을 유지하는 것이었습니다. 미군이 들어오기 전에도 남한에는 이미 많은 정치 단체가 만들어져 있었습니다. 그만큼 해방 조국에 새 나라를 세우겠다는 우리 민족의 열망이 컸던 것입니다.

가장 먼저 만들어진 단체는 여운형이 이끄는 건국준비위원회(건준)였습니다. 9월 3일에는 박헌영에 의해 조선공산당이 다시 세워졌습니다. 처음 건준에는 좌익과 우익 성향의 민족주의자들이 고르게

◀독립기념관의 이승만 어록비. 그는 민족의 단결을 주장했지만 공산주의자와의 타협은 거부하였다.

참여했습니다. 그런데 얼마 지나지 않아 공산당 세력이 건준의 지도부를 손에 넣게 되었지요.

좌익 성향을 띠게 된 건준은 9월 6일 조선인민공화국(인공)이라는 정부를 세웠다고 발표했습니다. 그들은 미국에 있던 이승만을 주석으로 추대하고 여운형, 김구, 김규식, 조만식 등 당시 이름을 날리던 인물들을 중요한 자리에 앉혔습니다. 하지만 이승만을 비롯한 우익 인사들은 여기에 참여하지 않았지요. 인공은 법적인 절차에 따라, 공개적으로 만들어진 정부가 아니었기 때문입니다. 인공은 단지 좌익들이 자신들의 세력을 키우기 위해 만든 정치 단체에 지나지 않았습니다.

▼ 미소공동위원회가 개최되었던 덕수궁 석조전. 두 차례의 공동위원회는 성과없이 끝내 결렬되었다.

미군은 9월 9일 조선총독부 건물에서 일본의 항복 조인식을 가졌습니다. 이때부터 1948년 8월 15일 대한민국이 건국될 때까지 3년 동안 미군은 남한에서 군정을 실시하였지요. 미 군정은 남한에 있던 정치 단체 중 그 어떤 것도 인정하지 않았습니다. 이미 활동을 하고 있던 인공은 물론 중국에서 독립 운동을 했던 임시 정부도 망명 정부로서 승인하지 않았습니다. 그렇다고 해서 남한 사람들의 정치 활동을 금지했던 것은 아닙니다. 얼마든지 자신들의 이념과 주장을 펼칠 수 있도록 자유를 보장했습니다. 그래서 수많은 정당이 만들어져 저마다의 목소리를 내게 되었지요.

1945년 10월, 미국에서 독립 운동을 하던 이승만이 귀국했습니다. 당시 미국 국무부는 이승만을 달갑게 생각하지 않았습니다. 이승만이 미국에서 활동할 때 연합국인 소련을 계속 비난하고 임시 정부 승인을 조르며 미국을 괴롭게 했다고 여겼기 때문이지요. 하지만 미 군정과 도쿄의 연합군 사령부는 이승만의 귀국을 적극적으로 도왔습니다.

이승만은 귀국할 때부터 민족의 단결을 주장했습니다. "뭉치면 살고 흩어지면 죽는다"라는 유명한 말도 그런 맥락에서 나온 것이지요. 하지만 이승만이 절대 받아들일 수 없는 세력이 있었습니다. 그것은 바로 공산주의자들이었습니다. 미 군정과 연합군 사령부에게는 공산주의 세력을 막으려면 이승만 같은 영향력 있는, 철저한 반공주의자가 절실하게 필요했습니다.

미 군정은 임시 정부의 귀국에도 협조적이었습니다. 하지만 임시 정부 요인들에게 개인 자격으로 귀국하라고 요구하였습니다. 임시 정부가 연합국으로부터 정부로서 승인받지 못했기 때문이지요. 김구 등 임시 정부 요인들은 이승만보다 한 달 늦은 11월에야 해방 조국에 돌아올 수 있었습니다.

1945년 12월 소련의 모스크바에서는 미국, 소련, 영국 등 세 나라 외무 장관들이 모인 회의가 열렸습니다. 이를 모스크바 삼상 회의라고 하지요. 이 회의 결과 "코리아인을 위한 민주 임시 정부를 수립하는데 그 임시 정부 수립을 돕기 위해 미군과 소련군이 공동위원회를 설립한다, 공동위원회는 제안을 준비하는 데 코리아의 민주 정당·사회 단체들과 협의한다, 공동위원회의 제안은 코리아의 임시 정부와 협의한 후 코리아의 4개국 신탁 통치에 관한 협정을 체결하기 위하여 미국·소련·영국·중국의 공동 회의에 회부된다"라는 등의 내용이 담긴 모스크바 협정이 발표되었습니다.

5년 동안 한반도를 신탁 통치한다는 소식이 알려지자 우익들이 입을 모아 반대하였습니다. 신탁 통치란 한반도가 스스로 다스릴 능력을 갖출 때까지 승전국들이 대신 통치해주겠다는 것입니다. 우익들은, 신탁 통치를 미개한 민족에게나 실시되는 수치스러운 일로 여겼습니다. 많은 남한 국민도 우익의 반탁 노선을 지지했습니다.

그런데 좌익들은 신탁 통치를 찬성하고 나섰지요. 처음에는 반대하다가 소련의 지시를 받고 찬성으로 돌아선 것입니다. 좌익이 반탁을 주장했다가 입장을 정반대로 바꾼 것은 국민들에게 불신을 안겨주었습니다. 이때까지는 남한에서도 우익보다 좌익 세력의 영향력이 컸는데 모스크바 협정 이후 좌익 세력이 주도권을 잃기 시작했습니다.

신탁 통치 반대(반탁)다, 찬성 (찬탁)이다 하여 나라 안이 온통 들끓던 1946년 3월 20일, 서울 덕수궁 석조전에서 제1차 미소공동위원회가 열렸습니다. 이 회의는 모스크바 협정에 따라 한반도에 민주적 임시 정부를 만드는 일을 협의하기 위해 열린 회의입니다. 그래서 3천 만 우리 국민의 눈과 귀가 일제히 이 회의에 쏠렸지요.

하지만 제1차 미소공동위원회는 주요 의제에 대해서는 제대로 회의도 못해보고 무기한 휴회에 들어갔습니다. 모스크바 협정에 담긴 '민주 정당·사회 단체'를 선정하는데 '민주'라는 말의 해석을 두고 미국과 소련이 의견 차이를 좁히지 못했기 때문입니다.

22
두 차례의 미소공동위원회 끝내 결렬되다

1946년 3월 서울 덕수궁에서 미소공동위원회가 열렸습니다. 이 위원회는 모스크바 협정에 따라 한국에서 민주적 임시 정부를 만드는 일을 협의하려고 마련된 것입니다. 그래서 통일 임시 정부 세우는 문제를 우리 정당이나 사회 단체 등과 협의하기로 하였습니다. 그런데 어떤 단체를 그 협의에 참여시킬 것인가에 대해서 미국과 소련은 합의하지 못했지요. 소련은 모스크바 협정에 반대하는 단체는 제외해야 한다고 주장했습니다. 모스크바 협정에서 언급한 신탁 통치에 반대하는 단체, 즉 우익 단체들을 협의에서 빼자는 것이었습니다. 그렇게 되면 한반도에는 소련이 원하는 정부가 세워지겠지요.

미국은 거기에 동의하지 않았습니다. 언론의 자유가 보장된 나라에서는 자신의 의견을 자유롭게 내놓을 수 있어야 하는데, 신탁 통치 반대한 것을 이유로 협상 대상에서 제외하는 것은 언론의 자유

◀ 소련은 38선에 길도 다리도 다 끊어놓고 그 너머에서 자신들을 따르는 정부를 만들고 있었다.

를 부정하는 일이지요. 그래서 동의할 수 없다는 게 미국의 입장이 었습니다. 두 나라는 끝내 의견 차이를 좁히지 못했습니다. 당시 미국, 영국의 자유 진영과 소련의 공산 진영 사이의 갈등이 심해진 상황도 의견 대립에 영향을 끼쳤습니다.

미소공동위원회가 무기한 휴회로 들어가자 이승만은 미국과 소련의 결정을 바라보고만 있을 수 없다고 생각했지요. 그래서 1946년 6월 전라북도 정읍에서 자신의 생각을 밝히는 연설을 했습니다. '정읍 발언'이라고도 하는 그 연설의 주요 내용은 다음과 같습니다.

"무기 휴회된 공동위원회가 다시 열릴 기색도 보이지 않으며 통일 정부를 고대하지만 뜻대로 되지 않으니 우리는 남방만이라도 임시 정부 혹은 위원회 같은 것을 조직하여 38선 이북에서 소련을 철퇴하도록 세계 공론에 호소하여야 할 것이니 여러분도 결심하여야 할 것입니다."

이 발언에 나온 '남방만의 임시 정부 혹은 위원회'는 미소공동위원회가 만들려고 한 통일적 임시 정부의 남한만의 조직을 뜻하는 것이었습니다. 북한에는 그때 이미 북조선 임시 인민위원회라는 임시 정부가 활동하고 있었습니다. 그런데 남한에서는 소련과 미국의 합의만 기다리고 있었던 것이지요.

소련은, 겉으로는 통일 정부를 만들도록 애쓰고 있는 것처럼 보였습니다. 하지만 실제로는 38선에 길도 다리도 다 끊어놓고 그 너머에서 자신들의 지시를 따르는 정부를 만들고 있었지요. 또 북한에 이어 남한까지도 자신들 마음대로 할 수 있는 정부가 세워지는 방향으로 상황을 몰아가고 있었습니다.

이승만은 소련이 믿을 수 없는 나라라는 것을 이전부터 잘 알고 있었습니다. 그래서 해방 전에도 소련을 조심해야 한다고 미국에 계속 경고했던 것이지요. 이승만이 정읍에서 한 발언은 북조선 임시 인민위원회에 대처하기 위해 남한도 임시 정부를 만들어야 한다는 것이었습니다. 이는 남북한 전체가 공산 국가가 되지 않으려면 당연히 택할 수밖에 없는 길이었습니다.

철저한 반공주의자이며 소련에 반대해온 이승만에게 소련은 협상의 대상이 될 수 없었습니다. 소련은 무척 위험한 나라였지요. 한반도 전체를 공산 국가로 만들려고 했기 때문입니다. 소련은 이미 북한을 자신들의 지령에 따르는 공산 국가로 이끌어가고 있었습니다. 그런 상황에서 이승만은 남한 사람들만이라도 단합하여 임시 정

▼ **남북 분단으로 끊어진 다리**(임진각).

▲이승만 동상. 그의 정읍 발언은 남북한 전체가 공산 국가가 되는 것을 막기 위한 제안이었다.

부를 만들자고 주장했습니다. 그렇지 않으면 이미 만들어진 북조선 임시 인민위원회에 주도권을 빼앗겨 한반도가 공산 국가가 될 수도 있었지요. 그런 위기감에서 이승만은 정읍 발언을 한 것입니다.

그런데 당시 남한의 여러 정치 세력과 언론들은 이승만의 이 발언을 비판했습니다. 이른바 '단정론(單政論)'이라 하여 민족의 분단을 가져올 위험한 발언이라고 여긴 것이지요. '단정'이란 단독 정부, 즉 통일을 포기한 남한만의 단독 정부를 말하는 것입니다. 이승만을 비판하는 사람들은 이 발언 때문에 우리나라가 분단되었다고 주장하기도 합니다.

하지만 이승만이 정읍 발언을 할 때 북한에는 임시 정부격인 북조선 임시 인민위원회가 만들어져 있었습니다. 이승만의 발언을 비판하려면 북한의 임시 인민위원회에 대해서도 비판해야 합니다. 또 분단의 근원적 책임은 정읍 발언이 아니라 38선을 막아 한반도의 허리를 끊어놓은 소련과 북한 김일성에 물어야 하겠지요. 그런데 소련과 북한이 겉으로 통일을 주장했기 때문에 많은 사람이 거기에 휩

쓸려 이성적인 판단을 하지 못한 것입니다.

제1차 미소공동위원회가 결렬된 후 남한에서 활동하던 조선공산당에도 변화가 생겼습니다. 그들도 더 이상 기다리고만 있을 수 없다고 생각한 듯합니다. 박헌영이 지도자였던 조선공산당은 미 군정과 정면으로 맞서기로 했습니다. 그러려면 돈이 필요했겠지요. 그들은 투쟁 자금을 마련하기 위해 위조지폐를 만드는 범죄를 저질렀습니다. 이 사건으로 미 군정은 박헌영을 비롯한 공산당 간부를 모두 체포하려 했습니다. 그때 박헌영은 북한으로 도망쳤습니다. 박헌영은 북한에서도 남한의 좌익 세력에게 폭력 투쟁을 벌이라고 계속 지령을 내렸습니다.

1947년 5월 제2차 미소공동위원회가 열렸습니다. 미국은 여전히, 한반도 문제를 소련과 협의하려는 생각을 가지고 있었습니다. 하지만 제1차 회의 때 문제가 되었던 참가 자격에 대해서 소련과 미국의 입장 변화는 없었습니다. 결국 제2차 미소공동위원회도 결렬되고 말았습니다. 미국은 미·영·중·소 네 나라가 다시 모여 한반도 문제를 의논하자고 했습니다. 그러나 소련은 끝내 모스크바 협정만을 고집했습니다.

23
유엔 총회의 결정에 따라 치러진 5·10 총선거

소공동위원회는 한반도 전체를 아우르는 통일 임시 정부 세
우는 것을 돕기 위해 만들어진 기구입니다. 그런데 미소공동
위원회는 1946년 1월에 구성된 후 1년여 만에 끝내 깨지고 말았습니
다. 일이 여기에 이르자 미국 정부는 더 이상 소련과 함께 한국 문제
를 논의할 수 없다고 판단했습니다. 그래서 1947년 9월 유엔 사무총
장에게 '한국 독립 문제'를 의제로 삼아달라고 요청했습니다. 이에
대해 소련은 강력하게 반대했지요. 하지만 미국은 한국의 독립 문제
를 유엔에 넘겼습니다.

미국은 유엔 감시 아래서 남북한 총선거를 치르게 하자고 제안했
습니다. 미국은 남북한의 인구 비례에 따라 국회위원 뽑을 것을 주장
했지요. 이 안에 대해서도 소련은 반대했습니다. 당시 남한의 인구는
북한의 두 배에 달했습니다. 인구 비례로 국회의원을 뽑으면 임시 정부
국회는 남한의 영향 아래 들어갈 것이라고 생각하여 반대한 것입니다.

◀돌아오지 않는 다리(임진각). 김구와 김규식은 분단을 막아보려고 38선을 넘었지만 성과를 거두
지 못하고 돌아왔다.

소련과 남북한의 좌익 세력은 한국 문제가 유엔에 가는 것을 막으려고 안간힘을 썼습니다. 북한에서는 한국 문제가 유엔에서 다루어지는 것을 반대하는 군중 대회가 전 지역에서 열렸습니다. 또 김일성은, 통일 정부를 세우기 위해 남북한의 정당과 사회 단체 대표들이 한 자리에 모여 협상하자고 제의했습니다. 하지만 유엔 총회에서 한국 문제가 결의되는 것을 막을 수는 없었습니다.

유엔은 소련의 반대에도 불구하고 한국의 독립 문제를 정기 총회에서 다루기로 했습니다. 1947년 11월 14일, 유엔 총회는 다음과 같은 한국 통일안을 43대 9(기권 6)로 통과시켰습니다.

- 남북한 전 지역에서 유엔 감시 아래 인구 비례에 의한 자유 선거로 국회를 구성한다.

▼ 김구와 임시 정부 요인들의 숙소로 사용되었던 경교장 내부. 김구는 이 방에서 피살되었다.

- 그 국회가 남북에 걸친 통일 정부를 수립한다.
- 선거를 감시하고 준비하기 위해 유엔 한국임시위원단(이하 유엔위원단)을 구성한다.
- 통일 정부가 만들어지면 90일 이내에 남북한에서 미국군과 소련군은 완전히 철수한다.

유엔 총회의 결의에 따라 1948년 1월 유엔위원단이 우리나라에 와서 활동을 시작했습니다. 그런데 북한에는 들어가지도 못했지요. 소련이 유엔위원단의 방문조차 거부했기 때문입니다. 2월말, 유엔 소총회는 유엔위원단이 임무를 수행할 수 있는 지역, 즉 남한에서만이라도 총선거를 실시하라고 결의했습니다. 결국 1948년 5월 10일에 남한에서만이라도 총선거를 실시하기로 했습니다.

남한의 좌익들은 유엔위원단의 활동을 막기 위해 격렬한 시위와 파업과 폭동을 일으켰습니다. 공산주의자들의 가장 대표적인 폭력 투쟁은 이른바 '2·7 구국 투쟁'이었습니다. 이들은 변전소를 파괴하고 전기와 전화선을 잘라버렸습니다. 기관차를 부숴 철도 운행을 방해하고 경찰 지서를 습격하여 불을 지르기도 했지요. 2·7 구국 투쟁은 2주간이나 계속되어 100여 명이 목숨을 잃었습니다.

한편 남한의 우익 진영은 유엔 총회의 결의를 크게 환영했습니다. 임시 정부를 세우자고 주장하던 이승만은 물론 다른 정당을 이끌던 김구와 김규식도 환영했습니다. 김구는, "소련의 거부로 남한만의 선거가 될지라도 그 정부는 법적 이치로나 국제 관계로 보나 통일 정부일 것"이라고 말하기도 했지요. 그런데 1947년 12월 김구는 그때까지와는 다른 입장을 펴기 시작했습니다. 그는 남한만의 선거에는 절대 반대한다는 성명을 발표했습니다. 소련이 반대하는 총선거는 치르지 말자고 유엔위원단에 요청하기도 했습니다.

김구와 김규식은 2·7 구국 투쟁이 한창이던 2월 중순, 남북 정치 지도자 회담을 제안하는 편지를 북한에 보냈습니다. 그런데 북한에서는 아무런 답도 보내오지 않았습니다. 그러다 한 달도 더 지난 후 북한의 김일성이 회의를 열자고 제의해왔지요. 남북한의 모든 정당과 사회 단체 대표들이 평양에 모여 남북 협상을 하자는 것이었습니다.

북한은 남북 협상을 제의하기 전인 2월 8일에 조선인민군을 창설하였고 2월 10일에는 조선민주주의인민공화국 헌법의 초안을 발표했습니다. 겉으로는 통일 정부를 만들기 위해 회의하자고 하면서 실

▼ **경교장**(서울 종로구 새문안로). **김구는 창가 이 자리에서 안두희의 총탄을 맞았다.**

제로는 이미 자기들만의 정부를 만든 셈입니다. 김일성에게, 통일 정부를 만들기 위해 남한의 지도자들과 협의할 생각은 처음부터 없었습니다. 다만 남한의 단독 정부가 민족 통일을 방해한다고 선전하기 위해 남북 협상을 이용한 것입니다.

그럼에도 불구하고 김구와 김규식은 북한에 가기로 했습니다. 김구는 "······ 나는 통일된 조국을 건설하려다 38선을 베고 쓰러질지언정 일신의 구차한 안일을 취하여 단독 정부를 세우는 데는 협력하지 아니하겠다······"라며 평양을 향해 떠났습니다.

평양에서의 남북 협상은 북한 정권이 준비한 각본대로 진행되었습니다. 회의는 미국과 이승만 등 우익 정치인에 대한 비난과 소련과 북한의 입장 선전으로 가득 찼습니다. 그런 분위기에서 남쪽 대표들은 자유롭게 발언도 할 수 없었지요.

서울로 돌아온 김구와 김규식은 남한의 5·10총선거를 거부하였습니다. 거부하는 이유는 단독 정부 수립에 반대하기 때문이라고 했지요. 김구는 일제강점기 임시 정부의 대표적 인물이었고 철저한 민족주의자였습니다. 하지만 1948년 8월 15일 건국된 대한민국을 인정하지 않았습니다. 그래도 김구는 1948년 7월 제헌국회에서 초대 대통령을 뽑을 때 대통령 후보가 되기도 했습니다. 그런데 10%의 지지도 못 얻고 낙선했지요.

김구는 대한민국이 세워진 후에도 유엔 감시 아래서 남북한 총선거 실시할 것을 주장했습니다. 그러던 김구는 1949년 6월 총탄에 맞아 세상을 떠났습니다. 김구를 살해한 범인은 김구가 주석으로 있던 한독당 당원 안두희 소위였습니다.

24
대한민국의 건국 헌법 제정

1948년 5월 10일, 전국 200개 선거구에서 국회의원을 뽑는 총 선거가 치러졌습니다. 대한민국을 세우기 위한 첫 걸음을 내딛은 것이지요. 이 선거에서 뽑힌 국회의원들이 해야 할 가장 중요한 임무는 대한민국의 헌법을 만드는 일이었습니다.

5·10선거는 국민 대다수가 적극적으로 참여한 가운데 성공적으로 치러졌습니다. 유엔위원단의 자료에 따르면 총유권자 대비 투표율이 71.6%나 되었습니다. 선거 결과 198명의 국회의원이 당선되었습니다.

대표를 뽑을 수 없었던 선거구는 주민의 절반도 투표에 참여하지 않았던 제주도의 두 선거구였습니다. 그때까지도 제주도에서는 제주 4·3 사건의 갈등이 계속되고 있었습니다. 제주 4·3 사건은 5·10선거에 대한 가장 강렬한 반대 투쟁이었습니다.

◀**제헌 국회가 열렸던 국회의사당**(서울 중구 세종대로). 지금은 **서울특별시의회 의사당으로 쓰이고 있다.**

▲대한민국 역대 대통령의 초상화(대한민국역사박물관). 제헌 국회는 정부 형태를 대통령 중심제로 정했다.

해방 후, 미군이 일본군의 무장을 해제하기 위해 제주도에 들어
간 때는 1945년 11월 9일이었습니다. 육지보다 두 달이나 늦게 들어
간 것이지요. 그 사이 제주도에서는 조선인민공화국(인공)의 지방 조
직인 인민위원회가 세력을 키우고 있었습니다. 인공은 해방 직후 좌
익 성향의 인사들이 만든 정치 조직입니다.

처음에는 인민위원회도 미군과 협조하여 순조롭게 질서를 유지
해 나갈 수 있었습니다. 그런데 1946년 8월 제주도가 전라남도로부

터 분리되면서 미 군정과 제주도의 좌익 세력 사이에 문제가 생기기 시작했습니다. 제주경찰감찰청이 새로 만들어지면서 경찰의 수가 늘어났고 그 과정에서 갈등이 싹튼 것이지요.

이후 제주도에서는 불법 시위를 벌이는 좌익 세력과 이를 진압하는 경찰 혹은 미군 사이에서 충돌이 자주 일어났습니다. 미 군정은 제주도의 질서를 유지하려면 좌익 세력을 없애야 한다고 생각했지요. 그래서 제주도의 관리들을 강경한 사람들로 바꾸고 경찰을 더 많이 보냈습니다. 미 군정은 제주도에서 총파업을 이끈 좌익 세력의 지도자들도 잡아들였습니다. 그 과정에서 경찰에게 괴롭힘을 당한 주민들의 감정이 나빠지고 말았습니다.

남로당으로 이름을 바꾼 공산당 제주도당은 경찰의 단속을 피해 산간 지대로 본부를 옮겼습니다. 그곳에서 청년들에게 군사 훈련을 시켰지요. 그렇게 훈련받고 무장한 좌익 청년들과 경찰 사이에서 서로 공격하고 보복하는 일이 되풀이되었습니다.

1948년 4월 3일 새벽, 기어이 큰 사건이 벌어지고 말았습니다. 남로당 제주도당 무장대가 경찰지서와 우익 단체를 습격한 것이지요. 이 사건으로 많은 사람을 죽거나 다쳤습니다. 미 군정은 제주도 해안을 막고 반란 세력을 진압하려 했습니다. 그러던 중 선거일인 5월 10일이 된 것입니다. 북제주도 2개 선거구의 주민들은 투표하는 대신 한라산으로 올라갔습니다. 좌익이 이끄는 인민 유격대는 선거인 명부를 빼앗고 투표소를 습격했습니다. 그래서 선거가 이뤄지지 못한 것입니다.

1년 뒤 제주도의 두 곳에서도 선거를 하여 국회의원을 선출했

습니다. 그때까지 제주도의 무장 좌익 세력에 대한 토벌이 이뤄졌
지요. 그 과정에서 죄 없는 양민이 여러 명 희생되는 비극이 일어나
기도 했습니다.

1948년 5월 10일은 우리 국민이 역사상 처음으로 참정권을 갖고
비밀·평등·보통·직접 선거로 우리의 대표를 선출한 역사적인 날입니
다. 5·10선거의 높은 투표율은 우리 국민의 자유민주주의에 대한 열
망이 고스란히 드러난 결과라고 볼 수 있습니다.

5·10선거에서 당선된 국회의원들은 국회를 열고 이승만을 국회
의장으로 뽑았습니다. 헌법을 만들고 새 나라를 만드는 것이 임무였
던 이 국회를 제헌 국회라고 부릅니다. '제헌'은 헌법을 만든다는 뜻
이지요. 제헌 국회의 임기는 2년이었습니다. 헌법을 만들어 나라의
기틀을 세우는 것까지가 그들의 임무였기 때문입니다.

제헌 국회에서 새 나라의 이름이 '대한민국'으로 정해졌습니다.
임시 정부 이름에서 그대로 따온 것이 아니라 국민의 손으로 새로
뽑힌 국회의원들이 다수결로 정한 '새 이름'입니다. 정부의 형태에
대해서도 열띤 논쟁이 오고갔습니다. 국회의원을 많이 배출한 한민
당이라는 정당에서는 내각책임제를 고집했습니다. 내각책임제는 국
회의 다수당으로 조직된 내각이 행정부와 국회의 핵심을 이루는 정
치 제도입니다.

그런데 이승만은 대통령 중심제를 주장했습니다. 대통령 중심제
는 대통령을 중심으로 나라의 정치가 운영되는 정부 형태이지요. 이
승만은 해야 할 일이 산더미같이 쌓여 있는 신생국에서는 강력한 정
치적 지도력을 가진 사람을 중심으로 정치가 움직여야 한다고 생각

한 것입니다. 이승만은 헌법기초위원들을 설득했습니다. 그래서 대한민국은 대통령 중심제로 시작하게 되었습니다. 하지만 지금처럼 국민이 대통령을 직접 뽑는 형태는 아니었습니다. 국회가 대통령을 뽑도록 법을 만든 것입니다.

1948년 7월 17일, 드디어 대한민국의 건국 헌법이 만들어졌습니다. 지금도 이날을 '제헌절'로 기념하고 있지요. 건국 헌법에서 "대한민국의 영토는 한반도와 그 부속 도서로 한다"라고 선언했습니다. 통일의 의지를 확고하게 담은 것입니다. 또 "대한민국은 민주공화국이며, 그 주권은 국민에게 있고 모든 권력은 국민으로부터 나온다"라고 하여 대한민국이 자유민주주의 국가임을 확실하게 밝히고 있습니다.

25
이승만, 건국 대통령이 되다

제헌 헌법은 제1장 제1조에 "대한민국은 민주공화국이다"라고 밝혔습니다. 이 짧은 문장에 중요한 의미들이 담겨 있지요. 우선 우리나라의 이름은 '대한민국'이라는 점입니다. 또 우리나라는 국민이 주인인 민주주의 국가이며 국민이 뽑은 대표자가 통치하는 '공화국'이라는 내용도 담겨 있습니다. 제헌 이래 지금까지 헌법이 아홉 차례 고쳐졌지만 이 제1장 제1조의 글귀는 한 번도 바뀐 적이 없습니다.

새로 만들어진 대한민국의 정부 형태는 대통령 중심제였습니다. 하지만 제헌 국회는 대통령을 국회에서 뽑기로 정했지요. 7월 20일 국회는 대통령을 뽑았습니다. 이승만은 재석의원 196명 가운데 180명의 지지를 얻어 대통령이 되었습니다. 이때 또 다른 후보였던 김구는 13표를 얻는 데 그쳤습니다.

◀ 독립기념관 태극기 광장. 1948년 8월 15일, 대한민국은 명실상부한 자주 독립 국가가 되었다.

▲ **6.25 참전 국가 국기들**(부산 임시 수도 기념관 앞). **이들의 참전은 국제 사회가 대한민국을 인정했다는 증거이다.**

이승만은 대한민국의 건국 준비를 할 때부터 한민당 국회의원들과 생각이 많이 달랐습니다. 이승만은 농민과 노동자 등 사회의 기초를 이루는 다수 국민의 편에 서고 그들의 지지를 얻어 정치를 하고자 했습니다. 그런데 한민당은 지주, 자본가와 같은 부유 계층을 정치적 기반으로 했기 때문에 결국 그들과 갈라설 수밖에 없었지요. 이후 한민당은 야당이 되었고 자신들의 편에 선 사람들을 정부 관료로 세우려고 안간힘을 썼습니다.

부통령은 임시 정부에서 일했던 이시영이, 국무총리는 광복군으로 활약했던 이범석이 뽑혔습니다. 정부 각 부처의 장관이 정해졌고 국회의장에는 신익희가 선출되었습니다. 또 국회는 김병로를 대법원장으로 임명하는 데 동의했습니다. 이로써 삼권분립 원칙에 따른 입법부·행정부·사법부 3부의 요인이 다 결정되었습니다. 이렇게 대한민국은 일제강점기 동안 나라를 되찾기 위해 나라 안팎에서 애쓰던 사람들의 손으로 세워진 나라입니다.

1948년 8월 15일, 이날은 우리의 조국인 대한민국이 건국된 날입니다. 서울 세종로에 있던 중앙청 광장에서 대한민국 정부 수립을 선포하는 기념식이 성대하게 열렸습니다. 지금은 해체되어 독립기념관에 그 일부만 남아 있는 '중앙청'이라는 건물은 일제강점기 조선총독부 건물이었지요. 조선총독부는 일본이 우리 민족을 지배하기 위해 만든 핵심 관청이었기 때문에 이 건물에서의 건국 기념식은 더욱 뜻깊은 일이었습니다.

대한민국 정부는 이날 밤 열두 시를 기해 미 군정으로부터 통치권을 넘겨받았습니다. 이로써 대한민국은 명실상부한 자주 독립 국가가 된 것입니다.

이 무렵 북한에서도 조선민주주의인민공화국이라는 정부가 세워졌습니다. 물론 그들은 정부 세울 준비를 훨씬 이전부터 시작했습니다. 아직 남한에서 5·10선거도 치르기 전인 4월에 헌법을 만들고 있었지요. 인민위원회가 헌법 초안을 채택했을 때 평양에서는 남북협상이 진행되고 있었습니다. 겉으로는 남북한 지도자가 만나 통일정부에 대한 일을 협의하자고 해놓고 자기들은 따로 정부 세울 준비를 계속하고 있었던 것입니다.

그런데 북한이 먼저 정부 수립 발표를 하지 않은 것은 분단의 책임을 남한 정부에 떠넘기기 위해서였지요. 남한의 상황을 엿보던 북한은 대한민국이 건국된 후 부지런히 정부 세우는 작업을 진행했습니다. 6월 29일에는 제2차 남북지도자협의회를 열기도 했습니다. 남한의 좌익 세력 대표들이 참석한 이 회의에서, 남북한에 걸친 선거를 실시하여 통일 정부를 만들자고 의결했습니다. 이미 치른 5·10선거는 무효로 만들자는 것이었지요.

실제로 그들은 남한에서도 선거를 실시했습니다. 물론 좌익 세력끼리 비밀리에 실시한 지하 선거였지요. 그들은 좌익계 주민들에게 비밀리에 찾아가 미리 정해진 인민 대표를 지지한다는 도장을 받았습니다. 그런 과정으로 뽑힌 남한 대표 360명이 조선최고인민회의 대의원이 되었습니다. 남북한 합쳐 총752명으로 구성된 조선최고인민회의는 9월 3일 조선민주주의인민공화국 헌법을 정식 채택했습니다.

북한의 헌법은 주권이 인민에게 있으며 인민의 자유와 권리가 보장된다고 하였습니다. 또 언론·출판·결사·집회의 자유도 보장된다고 하였지요. 하지만 "조국과 인민을 배반하는 것은 최대의 죄악이며 엄중한 형벌에 의해 처단된다"라는 내용이 들어 있습니다. 이제껏 북한의 많은 사람이 이 '조국과 인민을 배반하는' 행위를 했다고 잔혹하게 처형되거나 강제수용소로 끌려갔습니다.

조선최고인민위원회는 김일성을 만장일치로 수상에 추대했습니다. 그리고 9월 9일 조선민주주의인민공화국 수립을 선포했습니다. 그들은 이 공화국이 남북한 전체의 정부라고 주장했습니다. 남북한에서 선거에 의해 뽑힌 대표들이 만든 정부이기 때문이라는 것입니다. 그러나 몰래 치른 선거로 뽑은 대표가 남한 주민의 뜻을 대신한다고 볼 수는 없지요.

1948년 12월 유엔 총회 결과 48대 6이라는 압도적 다수가 대한민국을 승인했습니다. 이후 자유 진영 국가들이 줄지어 대한민국을 승인했습니다. 북한도 소련을 비롯한 동유럽 공산 국가들의 승인을 받았지요. 하지만 북한은 유엔의 승인을 받지 못했습니다.

대한민국은 유엔 총회의 결의에 따라 적법하게 세워진 나라이며 국제 사회의 인정을 받은 나라입니다. 황제의 나라였던 대한제국도, 목숨을 걸고 일본에 저항하여 만든 임시 정부도 국가로서, 정부로서 국제 사회의 인정을 받지 못했지요. 그런 의미에서 대한민국에 대한 유엔의 승인은 우리 역사의 중대한 사건입니다. 6·25전쟁 때 60개 나라가 우리나라를 도운 것도 유엔 총회가 대한민국을 승인하고 국제 사회가 이를 인정한 덕분입니다.

26
대한민국의 생일은 1948년 8월 15일

8월 15일은 광복절입니다. 일본의 강제 지배로부터 벗어난 날이며 동시에 대한민국의 건국을 기념하는 날입니다. 대한민국의 역사 가운데 가장 중요한 날이지요. 태어나지 않았다면 대한민국이라는 나라는 존재할 수 없기 때문입니다.

광복절을 국경일로 정했던 1949년에 이는 대한민국 건국을 기념하는 날이었습니다. 그 해 6월, 정부는 '국경일 제정에 관한 법률안'을 국회에 상정했습니다. 당시 4대 국경일은 3·1절, 헌법공포기념일, 독립기념일, 개천절이었습니다. 1948년 대한민국이 건국되었던 그날을 '독립기념일'이라 일컬은 것이지요. 그리고 그 해 8월 15일 제1회 독립기념일 행사를 성대하게 치렀습니다. 그런데 1949년 9월 국회에서 이 법안이 통과될 때 독립기념일은 3·1절이나 개천절처럼 '~절'을 붙여 '광복절'로 이름이 바뀌었습니다. 헌법공포기념일도 '제헌절'로 바뀌었지요.

◀ **불굴의 한국인상**(독립기념관). 대한민국은 꺾이지 않는 자주와 독립의 정신으로 세워진 나라이다.

'광복(光復)'이란 무엇을 영광스럽게 되찾는다는 뜻입니다. 그래서 '광복절은 일본으로부터 우리 조국을 되찾은 날이구나'라고 생각할 수 있습니다. 하지만 대한민국이 건국되기 전까지 우리 민족은 완전한 독립, 즉 홀로 선 상태가 아니었습니다. 1948년 8월 15일 대한민국이 건국되고 미 군정에서 정권을 넘겨받았을 때야 비로소 '우리의 조국'을 다시 찾아 홀로 설 수 있게 된 것이지요. 그래서 1949년에는 '독립 1주년'이라는 말을, 1950년 8월 15일에는 제2회 광복절, 그 다음 해에는 제3회 광복절이라는 말을 공식적으로 사용하였습니다.

그런데 1951년 한 신문이 광복 6주년이라는 말을 사용하면서 혼란이 생기기 시작했습니다. 독립기념일이 광복절로 바뀐 것을 잘 알지 못한 국민들은 광복절을 일본으로부터 해방된 날로 그냥 받아들였습니다.

더구나 1960년 이승만 대통령의 정부가 무너진 이후에는 대한민국의 건국을 기념하는 일조차 소홀히 했습니다. 이승만 대통령의 업적을 인정하지 않으면서 그가 건국의 주축이 되었던 대한민국 자체를 '잘못 태어난 나라'로 여기는 사람들이 생겨났기 때문이지요.

그러나 누가 뭐라 해도 우리는 대한민국 국민입니다. 월드컵이나 올림픽 등 국제 경기가 있을 때 우리 모두 목청 높여 외치는 "대한민국!"이 지금 우리가 살고 있는 우리의 조국입니다.

광복절은 이미 '일본으로부터 해방된 날'로 굳어져 다시 바꾸기 어렵습니다. 그래서 대한민국이 건국된 날을 '건국절' 혹은 '건국 기념일'이라는 이름을 붙여 축하하자는 의견이 나오고 있습니다. 대한민국이 탄생한 날을 제대로 찾아 생일을 축하하자는 것이지요. 하지만 이 의견에 반대하는 사람도 있습니다. 그들은 왜 반대하는 것일까요?

지금은 1948년 8월 15일을 건국일이 아닌, 정부 수립일이라고 부릅니다. 그날 열린 기념식의 공식 명칭도 '대한민국 정부 수립 국민 축하식'이었습니다. 그때만 해도 건국과 정부 수립, 독립을 같은 뜻으로 썼습니다. 나라를 세우는 과정(총 선거-국회의 구성-헌법 제정-대통령 선출-정부 수립)에서 정부 수립은 가장 마지막 단계였습니다. 그러니 그 앞 단계를 다 거친 정부의 수립은 곧 건국이었던 것이지요.

8월 15일을 건국 기념일로 정하는 것을 반대하는 사람의 대부분은 대한민국의 건국을 인정하지 않습니다. 그들 중에는 1919년 임시 정부 수립을 건국으로 봐야 한다고 주장하는 사람들도 있지요. 그러

▼ 대한민국이 건국된 이후인 1948년 11월, 상비군인 국군이 만들어졌다.

나 임시 정부는 국가라고 할 수 없습니다.

'국가'는 "특정 지역을 배타적으로 지배하면서 영토에 거주하는 주민들에게 특정 질서를 강제할 수 있으며 외부 세력과 관계를 맺되 외부 세력으로부터 간섭을 받지 않는 정치 단체"입니다. 그래서 국가가 되려면 네 가지 조건을 갖춰야 합니다. 그 나라를 국적으로 등록한 인구, 명확한 영토, 영토에 거주하는 인구를 통제할 수 있는 정부, 다른 국가들과 관계를 맺을 수 있는 능력(주권)이 그 조건입니다.

일제강점기에 만들어졌던 임시 정부에 '정부'는 있었지만 영토나 국민은 없었지요. 그래서 임시 정부가 만들어졌을 때를 건국이라고 부를 수 없습니다. 임시 정부는 말 그대로 '임시'로 만들어진 정부입니다. 그 임시 정부가 제대로 된 국가가 아니었기에 해방 직후 좌익이든 우익이든 '건국 준비'를 위해 일할 단체를 만들었던 것입니다. 임시 정부로 이미 나라가 세워졌다면 건국 준비를 이야기할 필요가 없었겠지요.

국군이라 부르는 상비군이 만들어진 것도 대한민국 건국 후인 1948년 11월입니다. 상비군은 근대 국민 국가의 기초적인 조건이지요. 이런 기본 체제를 갖춰야 비로소 그 조직을 국가라 할 수 있습니다.

물론 대한민국 헌법의 전문에는 '임시 정부의 법통을 계승'한다고 적혀 있습니다. 그 얘기는 임시 정부의 정신을 이어받는다는 것이지 임시 정부 자체가 대한민국이라는 것은 아닙니다. 사람이 태어나기 위해서는 어머니 뱃속에 잉태되는 것이 중요합니다. 하지만 잉태

된 날보다는 아기가 어머니 뱃속에서 나와 그 모습을 드러냈을 때를 생일이라고 축하하지요. 임시 정부 수립일은 대한민국의 정신이 잉태된 때라고 할 수 있고 1948년 8월 15일은 대한민국이 완전한 모습으로 세상에 나타난 날입니다. 그러니 그 날을 대한민국의 생일로서 축하하고 기념해야 합니다. 해마다 돌아오는 8월 15일, 우리의 조국 대한민국의 생일을 축하하며 태극기를 높이 게양합시다.

27
"낮에는 대한민국, 밤에는 인민공화국"

1948년은 우리 민족에게 영광스러운 해인 동시에 안타까운 일이 일어난 해입니다. 그 해, 자랑스럽고 번영된 우리 조국 대한민국이 건국되었습니다. 하지만 북한에는 대한민국과 적대적인 정부가 세워졌지요. 이로써 통일은 점점 더 어려워지게 되었습니다.

한반도는 해방이 되자마자 38선으로 분단되었습니다. 그래도 우리 민족은 곧 38선이 열리고 당연히 통일이 될 것이라 기대했지요. 그런데 남한과 북한에 서로 다른 체제의 정부가 들어서고 분단 70년이 지나도록 그 상태가 계속되고 있습니다. 대체 누구 때문에 한반도가 분단되어 오늘에 이르게 된 것일까요?

한반도 분단은 제2차 세계대전과 냉전의 결과물입니다. 냉전이란 총알이나 포탄이 오고가지 않은 채 벌어지는 '차가운 전쟁'을 말합니다. 당시의 냉전은 극심한 이념의 대립을 겪던 자유 진영과 공산

◀ 빨치산으로부터 충남 보령을 방어하기 위해 지은 보령경찰서의 망루.

진영 사이의 갈등 때문에 일어났습니다. 두 진영의 정점에 있던 미국과 소련이 한반도를 나누어 점령할 때부터 분단은 이미 피할 수 없는 일이었지요. 미국은 당연히 한반도에 개인의 자유와 권리를 존중하는 미국 같은 국가가 만들어지기 원했습니다. 소련도 한반도에 친소적 공산주의 국가 만드는 것을 양보할 수 없었습니다. 물론 두 나라 중 더 먼저, 더 적극적으로 움직인 나라는 소련이었습니다. 소련의 스탈린은 1945년 9월에 이미, 북한에 독자적인 정권을 세우라고 지령을 내렸습니다.

분단의 책임이 두 강대국에만 있는 것은 아닙니다. 강대국의 분할 점령을 가져온 것은 일제강점기이지요. 일제강점기를 불러온 그 이전의 역사에 대해서는 왕조 시대의 위정자들과 우리 민족 전체에게도 책임이 있습니다. 또 일제강점기에 나라 안팎에서 독립 운동을 할 때도 우리 민족은 힘을 하나로 모으지 못했습니다. 나라 밖에서 애썼던 독립 세력이 힘을 모아 연합군으로 참전하여 승리한 후 해방 조국에 들어올 수 있었다면 분단을 피할 수 있었을 것입니다.

해방 후에도 마찬가지였습니다. 우리 민족에게는 통일 국가를 세울 기회가 다시 주어졌지요. 하지만 그 기회를 제대로 활용하지 못했습니다. 자유민주주의와 시장 경제를 믿고 따르는 사람들은 미 군정에 협조했습니다. 하지만 계급 독재와 공산주의가 옳다고 생각한 사람들은 소련을 지지하고 북한이 나라를 세우는 데 참여했습니다.

70년이 지난 지금 우리는 어느 쪽이 더 우월한 체제인지 확연히 알 수 있습니다. 억압과 빈곤의 늪에 빠진 공산주의의 실상을 알게 되었기 때문이지요. 그러나 70년 전에는 어느 체제가 마땅한 것인지

알기 어려웠습니다. 그래서 당시 수많은 국민이 갈팡질팡했습니다.

그러던 중 1946년 2월 북한에서 '무상 몰수와 무상 분배'의 토지 개혁을 시행했습니다. 국민의 재산권을 보호하는 자유민주주의 국가에서 국민의 재산을 무상으로 몰수한다는 것은 있을 수 없는 일입니다. 또 무상 분배라고 선전했지만 북한 주민들은 얼마 지나지 않아 그 땅을 모두 빼앗기고 말았지요. 공산주의는 개인의 사유 재산을 인정하지 않는 체제이기 때문입니다.

북한은 남한의 정치 지도자들과 상의 한번 하지 않고 토지 개혁

▼ 분단의 아픔을 담은 그리운 금강산 노래비(인천 강화군 양사면). 바다 건너 북한 땅인 개풍군이 보인다.

▲ **경의선 도라산역**(경기도 파주시 장단면). **북쪽을 향한 남한의 마지막 역이다**

을 실시했습니다. 이는 한반도를 공산 국가로 만들겠다는 강력한 메시지였지요. 이후 북한에서는 자유민주주의 세력을 완전히 추방했습니다. 남한과 북한이 통일 국가를 만들기 위해 타협과 절충을 할 수 있는 여지를 없애버린 것입니다. 이렇게 분단이 완전히 굳어지게 만든 것은 북한 정권과 그를 부추긴 남한의 좌익 세력이었습니다.

건국 직후의 대한민국은 가난하고 혼란스러웠습니다. 1인당 국민 소득은 35달러였고 국민의 78%가 글을 읽을 줄 몰랐습니다. 국민의 세금으로는 정부 예산의 5% 정도 밖에 충당할 수 없었고 나머지는 미국의 원조나 다른 나라에서 빌려온 돈으로 메우는 형편이었지요.

그런데 좌우 대립은 극심했고 남한의 공산당인 남로당 세력은 급속하게 커졌습니다. 그 혼란 속에서 질서를 잡아갈 군대와 경찰의 힘이 절실하게 필요했습니다.

해방 직후 미 군정에 의해 만들어진 국방경비대와 조선해안경비대가 건국 후 육군과 해군으로 이름을 바꿔 대한민국의 국군이 되었습니다. 그런데 초창기 국군에는 문제가 있었지요. 좌익 분자들이 국군 내부에 깊숙이 침투해 있었던 것입니다. 이는 정치적으로 혼란할 때 군인을 모집했기 때문에 신원 조사가 제대로 이뤄지지 않아서 생긴 일입니다.

대한민국이 건국된 지 두 달 만인 1948년 10월 군인들의 반란 사건이 일어났습니다. 정부는 제주도에서 일어난 무장 반란을 진압하기 위해 전남 여수에 있던 국군 제14연대에 출동 명령을 내렸습니다. 그런데 14연대 내에 있던 남로당 세력이 반란을 일으켰습니다. 그들은 여수와 순천을 점령하고 수백 명의 경찰관과 우익 인사와 그 가족들을 살해했습니다. 이른바 여순 반란 사건입니다.

정부는 1주일 만에 반란군을 진압했습니다. 이에 반란군들과 일부 좌익 인사들은 지리산 등으로 도망가 빨치산이 되었습니다. 빨치산은 비정규군을 뜻하는 '파르티잔'이라는 러시아어에서 온 말입니다. 우리나라에서는 주로 6·25전쟁 전까지 산악지대에서 활동하던 공산 유격대원을 일컫는 말로 쓰였지요. 남로당의 지시를 받은 빨치산 때문에 남한의 수많은 산악 지대는 "낮에는 대한민국, 밤에는 인민공화국"인 상태가 되어버렸습니다.

28
새로 태어난 대한민국에 상처를 남긴 사건들

여수·순천 지역에서 일어난 군사 반란, 즉 여순 반란 사건은 이제 막 건국된 대한민국에 커다란 상처를 남겼습니다. 공산주의자들의 만행으로, 혹은 그를 진압하는 과정에서 억울한 희생자도 많이 생겼기 때문이지요. 하지만 그 비극적인 사건이 대한민국을 더욱 튼튼하게 만드는 계기를 마련해주었습니다. 여순 반란 사건 직후, 정부가 군대 내부에 있는 공산당 세력을 뿌리 뽑는 작업을 시작한 것입니다. 이를 '숙군 작업'이라고 합니다.

숙군 작업이 시작되자 군대 내부에 있던 좌익 세력은 크게 반발했습니다. 공군 조종사가 비행기를 몰고, 해군이 소형 경비정을 몰고 북한으로 넘어가기도 했습니다. 또 춘천의 2개 대대 750명이 집단으로 월북하는 일도 벌어졌습니다. 38선을 넘은 후 대대장에게 속았다는 것을 깨달은 대원들이 탈출을 시도해 반 이상 되돌아오기는 했지요. 하지만 북한은 이런 일들을 내세워 "이승만 정권이 곧 무너

◀ 서대문형무소였던 독립공원. 일제강점기 반민족 행위자의 밀고 등으로 독립 투사들이 옥고를 치른 곳이다.

질 것"이라고 선전했습니다.

대한민국은 그럴수록 더욱 단단해졌습니다. 1949년 7월까지 이어진 숙군 작업으로 전체 군인의 10%에 달했던 좌익 세력을 모두 몰아낼 수 있었습니다. 건전한 사상을 가진 청년들이 그 자리를 메워 군대의 결속력은 더 강해졌지요. 그 다음해 6·25전쟁이 일어났을 때 북한은 남한의 군대가 집단으로 투항하거나 반란을 일으켜 자기들 편에 설 것을 기대했습니다. 하지만 그런 일은 일어나지 않았습니다. 숙군을 철저히 한 덕분입니다.

또 여순 반란 사건을 계기로 국가보안법이 만들어졌습니다. 이 법은 나라의 안전을 위태롭게 하거나 변란을 일으킬 목적으로 단체를 조직하거나 가담한 사람을 처벌하는 법입니다. 이로써 남한에서는 공산주의의 활동이 불법적인 일이 되었습니다.

그 무렵 친일 인사라 부르는 반민족 행위자를 처벌하려는 일이 시작되었습니다. 국회는 1948년 9월 반민족행위처벌법을 제정했습니다. 그리고 임기 2년의 반민족행위특별조사위원회(반민특위)를 만들었지요. 1949년 1월부터 활동을 시작한 반민특위는 250명의 독립 투사를 밀고했던 대한일보 사장 이종형, 3·1운동 때 민족 대표 33인 중 한 사람이었다가 변절한 최린, 친일 변호사 이승우, 친일 경찰 노덕술, 문인 이광수, 역사학자 최남선 등을 잡아들였습니다.

그 과정에서 경찰들은 크게 반발했습니다. 해방 후 3년 동안 치안을 유지하고 공산주의를 몰아내는 데 공을 세웠는데 뒤늦게 친일 파로 처벌받게 되었다고 불만을 터뜨렸습니다. 당시는 공산주의자들이 여전히 대한민국의 안보를 위협하고 있을 때였지요. 이승만 대통령은 좌익 세력이 설치는 국가적 위기 상황에 경찰을 동요하게 해서는 안 된다는 담화를 발표했습니다. 하지만 반민특위는 입장을 바꾸지 않았습니다.

1949년 6월에는 경찰 간부 세 명이 반민족 행위자로 체포되었습니다. 경찰은 그들의 석방을 요구했지요. 반민특위가 이를 거부하자 경찰은 반민특위 사무실을 습격했습니다. 결국 국회는 이런 저런 이유 때문에 반민특위의 임기

▲ 반민특위 사무실 터임을 알리는 표지석(서울 중구 남대문로).

를 1년 만에 끝내기로 결정했습니다. 반민특위는 그해 8월에 해산되었습니다.

반민특위는 1년 동안 688명의 반민족 행위자를 수사하여 293명을 기소했습니다. 그중 재판이 종결된 것은 38명, 유죄 판결을 받은 사람은 30명에 그쳤습니다. 그나마 다음해 6·25전쟁이 일어났을 때 모두 풀려났습니다. 결국 반민족 행위자에 대한 처벌은 거의 못한 셈입니다.

반민특위 활동과 친일파 청산이 흐지부지된 것에 대해 평가하려면 당시 우리나라가 어떤 상황에 처해 있었는지 함께 살펴야 합니다. 반민족행위처벌법이 국회를 통과한 직후 여순 반란 사건이 터졌고 반민특위가 활동을 시작한 1949년 1월은 숙군 작업이 한창 진행되

고 있을 때였습니다. 대한민국 내부 깊숙이 파고든 공산주의자들과 치열하게 싸우고 있을 때였지요.

또 그해 4월과 8월에 국회 프락치 사건이 일어났습니다. '프락치'는 특정 임무를 수행하기 위해 어떤 조직에 숨어들어 비밀리에 활동하는 사람, 즉 스파이 같은 사람을 말합니다. 대한민국 국회에 남로당의 지령을 받는 프락치가 들어와 북한에 도움이 되는 법안을 통과시키는 등의 활동을 한 것입니다. 프락치 혐의로 열세 명의 국회의원이 체포되었는데 그 중 세 명이 반민특위에서 주도적으로 활동하고 있었습니다.

이승만 대통령은 공산주의자들과 싸워야 하는 중대한 시기에 친일파 문제로 민족이 분열되어서는 안 된다고 강조했습니다. 반민특위 활동이 공산주의자들과 싸우는 전선을 무너뜨릴 위험이 있었던 것입니다. 결국 반민특위 활동은 성과를 거두지 못한 채 끝났고 친일파들은 처벌받지 않게 되었지요. 하지만 대한민국을 위협하는 공산주의자들은 막을 수 있었습니다.

어떤 사람들은 북한이 친일파 청산을 철저히 하여 민족 정기를 되살렸다고 주장합니다. 하지만 북한에서는 친일파를 청산하기 위한 체계적인 노력은 하지 않았습니다. 단지 공산주의에 반대하고 비협조적인 사람들을 숙청했을 뿐이지요. 그리고 그들을 탄압하고 재산을 빼앗을 때 친일파라서, 혹은 민족의 반역자라서 숙청했다는 명분만 붙였을 뿐입니다. 반대로 공산주의에 충성한다면 친일했던 사람도 가리지 않고 데려다 높은 자리에 앉혔습니다.

반면 남한에서는 일본을 위해 일했던, 친일 부역자에게는 5·10

선거 때 선거권도 피선거권도 주지 않았습니다. 친일파를 청산하려
는 노력이 북한보다 남한에서 더 적극적이고 합리적으로 이뤄졌던
것입니다.

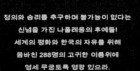

정의와 승리를 추구하며 불가능이 없다는
신념을 가진 나폴레옹의 후예들!
세계의 평화와 한국의 자유를 위해
몸바친 288명의 고귀한 이름위에
영세 무궁토록 영광 있으라.

A LA GLOIRE DES 270 COMBATTANTS FRANÇAIS
TOMBES POUR LA PAIX DU MONDE ET POUR LA
LIBERTE SUR LES CHAMPS DE BATAILLE DE
LA GUERRE DE COREE. QUE REPOSENT LES AMES
DE CES EMULES DE NAPOLEON POUR QUI RIEN
NE FUT IMPOSSIBLE AU SERVICE DE LA
JUSTICE ET DE LA VICTOIRE!

29
북한군의 침략으로 시작된 6·25전쟁

대한민국이 건국된 후에도 나라 안에서는 크고 작은 사건이 줄을 이었습니다. 여순 반란 사건과 그 뒤를 이은 숙군, 국회 프락치 사건 등 주로 공산주의자를 몰아내는 과정에서 일어나는 사건들이었습니다. 국회 프락치 사건의 경우 당시에는 증거가 불확실하여 조작이 아니냐는 논란이 많았습니다. 하지만 오랜 세월이 지난 후 이 사건은 남로당의 공작이었음이 드러났습니다.

"성시백이 1948년 가을부터 국회를 대상으로 공작을 벌여 국회 부의장과 국회의원 10여 명을 포섭하는 데 성공했다."

1997년 5월 북한에서 발행된 노동신문을 통해 이렇게 밝혀진 것입니다.

대한민국이 공산주의자들과 싸우는 일과 반민특위 문제로 혼란을 겪고 있을 때 북한에서는 남한을 침략할 계획을 세우고 있었습니다. 그 계획은 북한에 조선민주주의인민공화국이 세워진 1948년

◀ **프랑스군 참전 기념비**(경기도 수원시). 유엔 결의에 뜻을 같이 한 16개국이 전투 부대를 보내주었다.

"이들이 무력남침을 결정했다!!"

← 마오쩌둥 Mao Zedong
1893.12.26~1976.9.9

← 김일성 Kim Il-sung
1912.4.15~1994.7.8

← 스탈린 St...
1878. 2.18

▲ 6·25전쟁은 김일성의 발의와 스탈린의 승인과 마오쩌둥의 참여로 이뤄진 침략 전쟁이다.

9월 9일 직후부터 시작되었습니다. 김일성은 그때 '국토 완정(國土完整)'을 주장했습니다. 이는 "한 나라의 영토를 하나의 주권으로 완전하게 통일하는 것"을 말합니다. 김일성은 1949년 신년사에서는 국토 완정이라는 말을 열세 번이나 사용했습니다. 그만큼 중요하고 시급한 일로 여겼던 것이지요.

그런데 북한 혼자만의 힘으로는 남한과 전쟁을 할 수 없었습니다. 군사력도 부족했지만 북한이 소련이나 중국의 허락을 받지 않고는 함부로 움직일 수 없는 괴뢰(꼭두각시)였기 때문입니다. 1949년 3월 김일성은 소련의 수도 모스크바를 방문했습니다. 그때 스탈린에게 남한을 침략해도 되는지 물었습니다. 스탈린은 남침은 안 된다고 했습니다. 한국군에 비해 북한군이 더 강한지도 알 수 없었고 아직 미군이 남한에 주둔하고 있었기 때문이지요. 그러면서 스탈린은 북한군에 장비를 지원해주었습니다.

한 달 후 김일성의 특사인 김일이 중국의 마오쩌둥을 방문했습니다. 남침에 대해 논의하기 위해서였습니다. 마오쩌둥도 아직은 남침할 때가 아니라고 말렸습니다. 중국은 국민당 군대와 공산당 군대(중공군)와의 내전이 끝나지 않은 상태였고 국제 정세도 아직 북한에 유리하지 않다는 이유에서였습니다. 그 대신 중공군의 일부를 북한군에 보내주기로 했습니다.

1949년 스탈린과 마오쩌둥, 김일성이 기대했던 '유리한 상황'이 만들어지기 시작했습니다. 미군은 500명 정도의 군사 고문단만 남기고 남한에서 철수하였습니다. 중국에서는 공산당의 승리로 전쟁이 끝났는데도 미국이 국민당의 편에서 싸워주지 않았습니다. 또 소련에서는 원자폭탄 개발에 성공하였습니다. 김일성은 다시 스탈린을 졸랐습니다. "이승만이 공격해오길 기다렸는데 그러지 않아서 남한 해방이 지연되고 있으므로 북한의 공격 행동에 대한 지시와 허가를 원한다"라고 말이지요. 이때가 1950년 1월이었습니다. 그런데 스탈린은 여전히 반대했습니다.

김일성이 가까스로 스탈린의 허락을 받아낸 것은 4월에 이르러서였습니다. 그제서야 스탈린은 "국제 정세가 유리하게 변하고 있다"라며 남침을 허락했습니다. 그리고 중국의 동의도 얻으라고 했지요. 마오쩌둥은 "국제 정세의 변화에 따라 통일에 착수하자는 조선 사람들의 제의에 동의한다"라는 스탈린의 편지를 받고 남한 침략, 즉 남침에 동의했습니다.

마침내 스탈린과 마오쩌둥의 동의를 받아낸 김일성은 6월 25일에 남한을 침략한다고 날짜를 잡았습니다. 북한은, 혹시 미국이 군대를 보내오더라도 그들이 한반도에 상륙하기 전에 전쟁을 끝낼 수 있을 것이라 생각했습니다. 8월 15일까지 서울에 공산주의 정부 세우는 것을 목표로 하였습니다. 그러기 위해서 전쟁 개시 이틀 만에 서울을 점령하고 5일 안에 수원 – 원주 – 삼척을 잇는 선까지 내려오겠다는 계획을 세웠습니다. 보름 안에 군산 – 대구 – 포항을 잇는 선까지, 한 달 안에 남해안까지 진출하는 것이 그들의 계획이었습니다.

북한과 소련은 서울만 점령하면 남한에서 20만 남로당원이 함께 일어나 상황을 쉽게 마무리 지을 수 있을 것이라 기대했습니다. 여름이 가기 전에 전쟁을 끝낼 계획이었으므로 군인들에게 겨울 전투에 대한 준비는 시키지 않았지요.

1950년 6월 25일 새벽 네 시, 북한군이 38선을 넘어 침략을 해왔습니다. 이날은 일요일이었습니다. 남침의 조짐을 눈치 채지 못한 한국군은 그 전날 장병들에게 휴가나 외출, 외박을 허락해주었습니다. 그 결과 전방 지역에는 병력의 1/3 정도가 자리를 비우게 되었지요. 북한군의 병력이나 장비는 남한보다 훨씬 뛰어났습니다. 소련과 중국으로부터 몇 차례의 지원을 받았기 때문입니다.

북한의 남침 소식을 들은 유엔은 바로 다음 날인 6월 26일 긴급 안전보장이사회를 열었습니다. 그래서 북한에게 "적대 행위를 즉각 중지할 것"을 요구하였지요. 하지만 북한은 들은 척도 안 했습니다. 그러자 유엔은 '세계 평화와 한반도의 자유를 보장하기 위해 공동 행동'을 하기로 결의했습니다. 유엔이 한국에서 일어나는 전쟁에 참전하기로 한 것입니다. 7월 24일 한국을 위해 싸울 유엔군 사령부가 정식으로 설치되었습니다. 유엔군 사령관은 맥아더 장군으로 결정되었습니다.

유엔 결의에 뜻을 같이 한 16개 나라가 전투 부대를, 5개국은 의료지원단을 보내기로 했고, 39개국은 물자 지원을 하기로 했습니다. 하지만 이들 회원국은 지리적으로 우리나라와 멀리 떨어져 있어 그들이 한반도에 도착하기까지는 두 달 이상의 시간이 걸렸습니다. 그동안 국군은 낙동강까지 밀려 내려가 힘든 전투를 계속해야 했습니다.

30
"38선을 넘어 통일을 이루자!"

북한군의 탱크가 서울에 들어온 것은 전쟁이 시작된 지 나흘 만인 6월 28일이었습니다. 무서운 기세로 밀고 내려오던 북한군의 기세는 서울을 점령한 후 잠시 주춤해졌습니다. 그 이유는 여러 가지로 추측해볼 수 있습니다. 우선 수도 서울을 자기네 생각만큼 쉽게 점령했으니 자축 분위기에 젖었겠지요. 또 북쪽으로부터 보급품이 내려오기를 기다렸을 수도 있습니다. 전쟁을 금세 끝내버릴 심산이었기에 보급품을 제대로 준비하지 않았던 것입니다. 남한에 있던 남로당원 20만 명이 들고 일어날 것을 기다렸다는 추측도 있습니다. 서울까지만 내려오면 남로당원과 빨치산이 전국 각지에서 들고 일어나 힘을 합할 것을 기대했다는 것입니다. 만일 정말 그런 일이 일어났다면 그들은 누워서 떡 먹듯이 남한 전체를 점령했을지도 모릅니다.

◀ 서울을 되찾은 국군과 유엔군이 북한 인공기를 내리고 중앙청에 게양했던 태극기(전쟁기념관).

▲ 인천 상륙 작전을 묘사한 부조물(인천 자유공원).

그러나 그런 끔찍한 일은 일어나지 않았습니다. 남한에 있던 남로당원이나 빨치산이 들고 일어나 후방에서 국군이나 대한민국 정부를 공격하는 일은 없었습니다. 이는 1949년 이후 정부가 실시한 숙군 작업과 단속으로 공산주의 세력이 힘을 모을 수 없었던 덕분이지요.

한강 전선에서 시간을 조금 끌 수 있었지만 국군과 유엔군은 8월 초 낙동강 전선까지 후퇴하게 되었습니다. 거기에 최후의 방어선을 마련했지요. 낙동강을 최후의 방어선으로 선택한 이유는 지형적 이점 때문입니다. 이 지역의 동북부는 높은 산악 지대이고 서쪽은 낙동강이 흐르고 있었지요. 덕분에 방어가 쉽고 전선이 짧아서 부분적으로 빼앗겼을 때 다시 찾기가 수월했습니다.

낙동강 전선에서 치렀던 전투 중 가장 치열했던 것은 다부동 전투였습니다. 그곳은 대구로 가는 길목이었기 때문에 아군에게나 적군에게나 중요한 지역이었지요. 당시 북한군은 8월 15일까지 대구를 점령하는 것을 일차 목표로 삼고 있었습니다. 대구가 뚫리면 부산까지도 쉽게 밀고 내려갈 수 있다고 생각한 것입니다. 북한군은 움직일 수 있는 부대의 절반을 낙동강 전선에 배치했습니다. 그곳에 거의 총력을 기울인 셈입니다.

국군과 유엔군도 낙동강 전선을 포기할 수 없었습니다. 퇴각하는 국군을 따르는 피란민의 행렬도 아군의 사기를 돋우는 데 작용했지요. 아군은 공산군에게 밀려 내려가고 있었지만 수많은 민간인은 공산군을 마다하고 국군을 선택했습니다. 아군은 그 민간인들을 적에게 넘겨줄 수 없었던 것입니다.

북한군은 총력을 기울였지만 결국 낙동강을 뚫지 못했습니다. 우리 국군이 낙동강 전선을 지키기는 했지만 그 치열한 전투 중에 수많은 희생자가 생겼습니다. 다부동 전투의 전사자만도 아군이 2천 3백여 명, 북한군은 5천7백여 명에 이르렀습니다. 낙동강 전선에서 북한군 7만여 명이 죽었는데 그 중 상당수는 '의용군'이라는 이름으로 남한에서 강제 징집된 청년들이었습니다. 정말 다시는 일어나서는 안 될 가슴 아픈 일이었지요.

낙동강 전선에서 치열한 전투가 벌어지고 있을 무렵 맥아더 장군이 이끄는 연합군이 인천 상륙 작전에 성공했습니다. 원래 인천은 상륙 작전을 할 수 없는 여러 가지 지리적 한계를 가지고 있었지요. 상륙 부대 참모진의 장교였던 알리에 캡스 해군 중령은 "우리는 자연적, 지리적 장애들의 목록을 만들었는데 인천은 그것들을 모두 갖추었다"라고 말할 정도였습니다. 인천은 썰물과 밀물의 차이가 크고 바다가 얕은 편입니다. 미국 해군의 상륙함은 7미터, 전차를 실은 LST라는 배는 8.9미터 정도로 바다가 깊어야 움직일 수 있습니다. 이런 정도의 수심은 밀물이 최고 높이에 이르는 만조 때나 만들어졌습니다. 이런 날은 한 달에 한번 3~4일 동안만 있을 뿐이지요. 항구로 들어오는 뱃길도 좁고 물살도 거셌습니다.

하지만 맥아더 장군은 9월 15일에 인천 상륙 작전을 펼치기로 했습니다. 적군의 허리를 효과적으로 끊기 위해서였지요. 그날은 바다의 깊이가 9.6미터에 이르는 만조 시기였습니다. 작전 개시 5일 전부터 연합군은 인천 지역에 맹렬하게 공중 폭격을 실시했습니다. 이틀 전부터는 배 위에서 월미도로 함포 사격을 했습니다. 그리고는 군인들이 월미도에 상륙했습니다. 북한군의 저항은 오래 가지 못했습니다.

인천 상륙 작전에 성공한 연합군은 한강을 건너 서울을 되찾을 수 있었습니다. 그날이 9월 28일이었습니다. 서울을 되찾은 국군과 유엔군은 세종로의 중앙청에 달려 있던 북한 인공기를 내리고 태극기를 게양했습니다.

낙동강 전선에 모든 것을 걸었던 북한군은 인천의 기습으로 독안에 든 쥐가 되었지요. 북한군은 무너졌고 수많은 병사가 부대에서 탈출했습니다. 강제로 끌고 간 의용군이 많았기 때문에 이탈자도 많았습니다. 모든 전선에서 북한군은 후퇴하기 시작했습니다.

1950년 9월 29일에는 서울을 되찾은 기념식이 열렸습니다. 기념식이 끝난 후 이승만 대통령은 맥아더 장군에게 "지체 없이 북쪽으로 진격해야 합니다"라고 말했습니다. 그러나 유엔군은 38선 너머까지 쫓아가서 북한군을 무찌르고 한반도를 통일시키려는 생각은 하지 않았지요. 단지 6·25전쟁 이전 상태로 돌려놓는 것을 목표로 했기 때문입니다.

하지만 이승만 대통령은 더 이상 시간을 끌 수 없다고 판단했습니다. 우리 국군의 힘만으로라도 38선을 넘어 계속 싸워야 통일을 이룰 수 있다고 생각했기 때문입니다. 그래서 이승만 대통령은 대한민국의 국군 통수권자로서 중대한 결단을 내리기로 결심했습니다.

31
「전우여 잘 자라」와 「굳세어라 금순아」

6·25 전쟁의 비극을 가장 잘 드러낸 노래 두 곡이 있습니다. 「전우여 잘 자라」(박시춘 작곡, 유호 작사)와 「굳세어라 금순아」(박시춘 작곡, 강사랑 작사)입니다.

인천 상륙 작전이 성공한 후 국군과 유엔군은 수많은 전우를 잃은 낙동강 전선을 뒤로 하고 추풍령을 넘고 한강을 건너 38선에 이르렀습니다. 진격하면서도 그 참혹한 전쟁에서 조국을 지키기 위해 꽃같이 별같이 스러져간 병사들을 잊을 수 없었지요. '전우여 잘 자라'의 가사는 그 때의 상황을 실감나게 말해줍니다.

1. 전우의 시체를 넘고 넘어 앞으로 앞으로 / 낙동강아 잘 있거라 우리는 전진한다 / 원한이야 피에 맺힌 적군을 무찌르고서 / 꽃잎처럼 떨어져 간 전우여 잘 자라.

◀ **부산 국제시장의 '꽃분이네' 가게. 영화 「국제시장」에 소개된 후 명소가 되었다.**

2. 우거진 수풀을 헤치면서 앞으로 앞으로 / 추풍령아 잘 있거라 우리는 돌진한다 / 달빛 어린 고개에서 마지막 나누어 피던 / 화랑담배 연기 속에 사라진 전우여.

3. 고개를 넘어서 물을 건너 앞으로 앞으로 / 한강수야 잘 있느냐 우리는 돌아왔다 / 들국화도 송이송이 피어나 반기어 주는 / 노들강변 언덕 위에 잠들은 전우여.

4. 터지는 포탄을 무릅쓰고 앞으로 앞으로 / 우리들이 가는 곳에 삼팔선 무너진다 / 흙이 묻은 철갑모를 손으로 어루만지니 / 떠오른다 네 얼굴이 꽃같이 별같이

▼큰 배의 통행을 위해 하루에 한 차례씩 들어 올리는 부산 영도 다리는 피란민들의 고달픈 삶을 떠올리게 한다.

그런데 38선에 다다른 유엔군에게 진격을 멈추라는 명령이 내려졌습니다. 그들은 거기서 전쟁을 끝내려 했습니다. 그러나 이승만 대통령은 38선을 '국경'으로 인정할 수 없었습니다. 소련이 불법으로 막아놓은 경계선이었기 때문이지요. 1950년 9월 29일 이승만 대통령은 북진을 결정하고 "내가 이 나라의 최고 통수권자이니 나의 명령에 따라 북진하라"라는 명령서를 육군 수뇌부에 전달했습니다.

이 결정에 따라 국군은 10월 1일 38선을 통과하여 북쪽으로 진격했습니다. 이 사건을 기념하여 10월 1일을 국군의 날로 정했지요. 10월 7일에는 유엔군이 38선을 넘는 것을 허용하는 결의안이 유엔에서 통과되었습니다. 아군은 거침없이 치고 올라가 10월 19일에 평양을 점령했습니다. 통일이 눈앞에 보이는 듯했지요.

그런데 다급해진 북한이 소련과 중국에 지원을 요청했습니다. 아군이 평양에서 승전을 기념하던 바로 그날, 30만 명이나 되는 중국 공산군은 이미 압록강을 건너고 있었습니다. 중공군은 소리 없이 한반도로 들어왔지요. 10월 25일 아군이 북한 깊숙이 들어갔을 때 숨어 있던 중공군이 일제히 공격을 시작했습니다. 중공군의 제1차 공세였습니다. 크게 패한 아군은 더 많은 중공군이 내려오기 전에 서둘러 전쟁을 끝내기로 했습니다. 그래서 11월 24일 '전쟁을 끝내기 위한 총 공세'를 개시했습니다. 그런데 그에 맞춰 중공군도 제2차 공세를 벌였지요. 커다란 손실을 입은 아군은 중공군의 병력이 생각보다 훨씬 많다는 것을 알게 되었습니다.

11월 말에는 모든 전선에서 중공군에게 밀려 후퇴해야 했습니다.

서부 전선의 미군은 12월 말에 38선 부근까지 밀려 내려왔지요. 그런데 동부 전선에서 장진호 전투라는 격전을 치른 국군과 유엔군은 중공군에 막혀 육지 길로 내려올 수 없었습니다. 그래서 동해안에서 배를 타고 후퇴하는 계획을 세웠습니다.

미군의 군함에는 민간인을 태울 자리가 없었습니다. 그런데 대한민국을 따르는 피란민 30만 명이 흥남 부두로 몰려왔지요. 국군의 김백일 소장과 현봉학 통역관은 "미군이 피란민을 버리고 간다면 국군이 피란민을 엄호하여 육로로 후퇴하겠다"라며 민간인을 배에 태워달라고 요청했습니다. 이들의 굳은 의지에 감명 받은 에드워드 알몬드 장군은 민간인의 승선을 허락했습니다. 군함들에는 정원의 열 배가 넘는 피란민이 올라탔지요. 이 철수 작전 덕분에 9만 명이 넘는 피란민이 자유를 찾을 수 있었습니다.

그 중 최대 승선 인원이 3천 명인 메러디스 빅토리아 호라는 화물선에는 무려 1만4천 명의 피란민이 탔습니다. 자리를 마련하기 위해 레너드 라루 선장은 배에 실려 있던 장비와 무기를 바다에 버렸습니다. 3일의 항해 끝에 거제도 장승포항에 도착했을 때 피란민의 숫자는 다섯 명이 더 늘어나 있었습니다. 아수라장 같은 배 안에서 새 생명들이 태어난 것이지요. 역사상 가장 인도적인 철수 작전으로 불리는 흥남 철수는 12월 25일에 마무리되었습니다. 그래서 '크리스마스의 기적'이라 불리기도 합니다.

부산 등지에 내린 피란민들은 「굳세어라 금순아」 노래의 가사처럼 외롭고 고단한 삶을 살아야 했습니다.

1. 눈보라가 휘날리는 바람찬 흥남 부두에 / 목을 놓아 불러봤다 찾아를 봤다 / 금순아 어디로 가고 길을 잃고 헤매었더냐 / 피눈물을 흘리면서 1·4 이후 나 홀로 왔다
2. 일가 친척 없는 몸이 지금은 무엇을 하나 / 이 내 몸은 국제시장 장사치기다 / 금순아 보고 싶구나 고향 꿈도 그리워진다 / 영도다리 난간 위에 초승달만 외로이 떴다
3. 철의 장막 모진 설움 받고서 살아를 간들 / 천지 간에 너와 난데 변함 있으랴 / 금순아 굳세어다오 북진 통일 그날이 오면 / 손을 잡고 웃어보자 얼싸안고 춤도 추어보자.

32
통일 위해 휴전 회담에 반대한 이승만 대통령

"입술이 없어지면 이가 시리다(脣亡齒寒 : 순망치한)."

이는 북한이 망하면 중국의 국경선이 위험해진다는 얘기를 비유적으로 한 말입니다. 김일성과 박헌영의 요청을 받은 중국의 마오쩌둥은 참전을 주저하는 중국 공산당 지도부를 이 말로 설득했습니다.

1950년 10월 19일 압록강을 건너기 시작한 중공군은 새해를 하루 앞둔 12월 31일 북한과 함께 제3차 공세를 개시했습니다. 이 전투에서 아군은 38선 아래까지 밀려 내려왔습니다. 다음 해 1월 4일에는 서울을 공산군에게 다시 내주고 후퇴할 수밖에 없었지요. 이 사건을 1·4후퇴라고 합니다. 경기도 안성까지 밀렸던 아군은 반격에 나서서 3월 15일에는 서울을 되찾고 38선까지 영토를 회복했습니다.

4월 22일부터 시작된 중공군의 제5차 공세는 중공군 참전 이래 가장 많은 병력과 무기를 동원한 대대적인 공세였습니다. 그러나 이번에는 아군의 엄청난 화력에 부딪혀 공산군은 수많은 희생자만 낸

◀ 치열했던 백마고지 전투에서 중공군 1만 명을 물리치고 고지를 무사히 지켜낼 수 있었다.

▲ 오랑캐를 무찌른 호수라는 뜻의 파로호. 중공군과의 전투에서 크게 승리한 것을 기념하여 붙여진 이름이다.

채 더 이상 남쪽으로 내려오지 못했습니다.

　이후 38선 근처에서는 양쪽 진영 사이에 치열한 전투가 계속되었습니다. 특히 국군 제6사단은 화천까지 밀고 올라가 중공군 6만 2천 명을 사살하거나 포로로 잡았습니다. 이승만 대통령은 이 전투의 승리를 기념하기 위해 화천저수지에 파로호(破虜湖 : 오랑캐를 무찌른 호수)라는 이름을 붙였습니다.

　치열한 전투는 계속되는데 38선 근처에 형성된 전선에는 거의 변함이 없었습니다. 그야말로 밀고 밀리는 전투의 연속이었지요. 유엔군과 공산군은 전쟁을 계속해봤자 쉽게 승리를 얻을 수 없을 것이라 판단했습니다. 그래서 현재 형성된 전선에서 휴전을 하자는 제안이 만들어졌습니다. 유엔군과 공산군은 이 제안을 받아들여 휴전 회담을 시작했습니다.

휴전 회담은 1951년 7월 10일부터 1953년 7월 27일까지 2년 동안 진행되었습니다. 그 사이에도 전투는 계속되었지요. 정전 협정이 맺어진 때의 전선으로 남북이 나뉠 것이기에 한 치의 땅이라도 양보할 수 없었기 때문입니다. 심지어는 상대의 후방 도시를 폭격하기도 했습니다. 휴전 회담에서의 주도권을 확보하기 위해서였지요. 이 때문에 휴전 회담은 중단되었다가 다시 시작하기를 여러 번 되풀이했습니다.

이 기간에 벌어진 대표적인 전투는 983고지와 395고지에서의 전투입니다. 이 전투 결과 983고지에는 '피의 능선'이라는 별명이 붙었습니다. 그만큼 많은 병사가 피 흘리고 희생된 전투였지요. 395고지는 백마고지라고도 불립니다. 백마고지 전투는 중공군의 공격을 받은 국군이 9일 동안 치른 방어전을 말합니다. 여기서도 수천 명의 아군 사상자가 발생할 정도로 치열한 전투가 펼쳐졌지요. 하지만 중공군 1만 명을 물리치고 고지를 무사히 지켜낼 수 있었습니다.

몇 차례 진행된 회담으로 휴전에 대한 여러 가지 방안이 마련되었습니다. 하지만 그때까지 합의되지 못하고 양측이 팽팽하게 대립했던 문제가 있었지요. 바로 포로 교환 문제였습니다. 제네바 협정에 포로는 빠른 시일 안에 자기편에 돌려보내야 한다고 정해져 있습니다. 그러나 미국의 트루먼 대통령은 돌아가기 원하지 않는 포로는 돌려보내지 않겠다고 주장했고 북한과 중국은 이에 반발했습니다.

1952년 아이젠하워가 미국의 새 대통령이 되었습니다. 그는 전쟁을 빨리 끝내겠다는 것을 선거 공약으로 삼았습니다. 미국뿐만 아니라 중국과 소련도 빨리 전쟁을 끝내고 싶어 했지요. 2월 유엔군은 부상당한 포로만이라도 교환하자고 제의했습니다. 이에 공산군도 양보안을 내놓았습니다. 북한이나 중국으로 돌아가기 원치 않는 포로는 중립국으로 보내자는 안이었습니다.

이승만 대통령은 처음부터 정전 협정에 반대했습니다. 끝까지 싸워 공산주의자들을 한반도에서 완전히 내쫓아야 한다고 생각한 것이지요. 이승만 대통령은, 미국이 정전 협정을 맺으면 국군만으로라도 끝까지 싸우겠다고 주장했습니다. 휴전 회담은 한반도 분단을 전제로 열리는 회의였으므로 정전 협정이 맺어진다는 것은 한반도가 분단됨을 의미했기 때문입니다.

우리 정부는 휴전 회담에 참석하지 않겠다며 국군 대표를 회담장에서 철수했습니다. 그리고 다음과 같은 우리 정부의 주장을 내놓았지요. 첫째, 중공군을 한국 영토에서 쫓아낼 것, 둘째, 한미 방위 동맹을 맺고 군사와 경제 측면에서 한국을 원조할 것, 셋째, 한국이 통일하는 데 방해되는 일을 금지할 것 등입니다.

그러나 우리의 의견은 무시된 채, 공산 국가로 돌아가기 원치 않는 포로들을 중립국 송환위원회로 넘긴다는 안이 휴전 회담에서 합의되었습니다. 이승만 대통령은 우리의 확고한 의지를 보이지 않으면 안되겠다고 판단했지요. 그래서 6월 18일 거제도를 비롯한 전국 각지의 포로 수용소에 있던 반공 포로를 석방했습니다. 3만6천 명에 달하는, 공산주의에 반대하는 포로들이 전격적으로 풀려난 것입니다.

이 사건은 전 세계를 깜짝 놀라게 했습니다. 반공 포로 석방은 여러 가지 뜻을 담고 있었지요. 적군의 포로 중에는 남한에서 강제로 징집된 병사도 많았습니다. 이런 병사들은 물론 공산주의를 거부하는 포로들을 공산주의자들에게 넘겨줄 수 없다는 우리의 의지를 보여주었습니다. 또 휴전 협상에 전쟁 당사자인 한국의 주장이 받아들여지지 않는 것에 대한 분노와 반감을 전 세계에 드러낼 수 있었습니다. 한국이 받아들이지 않는다면 유엔군과 공산군 사이에 어떤 협정을 맺더라도 소용이 없게 된다는 것을 분명하게 보여준 자주적 사건이었습니다.

33
씻을 수 없는 상처를 남긴 6·25전쟁

반공 포로 석방으로 대한민국이 얻을 수 있었던 가장 큰 성과는 한미 상호 방위 조약을 맺게 된 것입니다. 당시 미 국방부가 정한 태평양 방위선은 일본 – 오키나와 – 필리핀을 잇는 선이었습니다. 6·25라는 엄청난 전쟁을 치렀지만 미국은 한국을 여전히 태평양 방위선 밖에 두었던 것이지요. 이승만 대통령은, 미국이 한국의 안보나 재건에 대한 보장 없이 떠나는 것에 대해 우려했습니다.

미국은 선뜻 한미 상호 방위 조약을 맺으려 하지 않았습니다. 공산군이 한미 상호 방위 조약 맺은 것을 이유로 휴전 회담을 깨뜨릴 수도 있었기 때문이지요. 1953년 6월 8일 아이젠하워 대통령은 정전 후 한국과 상호 방위 조약을 맺도록 노력하겠다고 말했습니다. 하지만 이승만 대통령은 좀더 확실한 약속을 원했습니다. 그래서 반공 포로 석방이라는 강한 수를 두었던 것입니다.

◀ 공동경비구역 안에 있는 판문점 군사회 담장. 1953년 7월 27일, 이곳에서 정전 협정이 조인되었다.

▲화천군에 있는 인민군 사령부 막사. 화천의 일부 지역은 6·25전쟁 이전에 38선 이북이었다.

　놀란 미국이 한국에서 철수하겠다고 하자 이승만 대통령이 조금 양보하는 듯했습니다. 이승만은 정전 협정에 서명은 안 하겠지만 유엔군의 정전 결정에는 따르겠다고 하였습니다. 그러나 "정전 협정에 앞서 상호 방위 조약을 체결해야 하며, 정전 후의 평화를 위한 정치 회담이 깨질 경우 즉각 전투를 다시 시작해야 한다"라는 조건을 내걸었지요. 당황한 미국은 1953년 6월 25일, 대통령 특사를 보내왔습니다. 그리고 "미국은 평화적 수단으로 한국을 통일하는 데 계속 노력한다. 전쟁이 끝난 후 한미 상호 방위 조약을 맺는다. 미국 정부가 허용하는 한 장기적인 경제 원조를 제공한다"라고 약속했습니다.

이승만 대통령은 한미 상호 방위 조약 체결을 조건으로 유엔군의 정전 결정을 받아들였습니다. 그러나 정전 협정에 서명하는 자리에 우리 국군 대표는 참석하지 않았습니다. 미국과 유엔의 결정에 따르는 것이지 우리가 주도적으로 정전에 합의한 것은 아님을 밝힌 것이지요.

1953년 7월 27일 오전 열 시, 판문점에서 정전 협정 조인이 이뤄졌습니다. 휴전 회담이 시작된 지 2년만이었습니다. 세계 역사상 가장 긴 휴전 회담이었지요. 조인으로부터 열두 시간 후 이 협정이 발효된 밤 열 시에 모든 전선에서 대포 소리가 멎었습니다. 전쟁이 중지된 것입니다.

'종전(終戰)'이 선언된 것이 아니라 '정전(停戰)' 협정을 맺은 것이기 때문에 전투는 중지되었지만 전쟁이 끝난 것은 아닙니다. 북한의 김일성은 "남한의 침략을 막았기 때문에 북한이 승리한 전쟁"이라며 "세계 최강 미국에게 역사상 첫 패배를 안겨준 전쟁"이라고 떠벌렸습니다. 그러나 북한은 대한민국을 무력으로 점령하려다 실패했으니 분명히 패배한 것입니다. 반면 대한민국은 쳐들어온 적군을 물리쳐 나라를 지켰으니 승리한 것이지요. 또 유엔군의 입장에서도 '냉전의 소용돌이 속에서 공산주의의 침략을 성공적으로 막아낸 전쟁'이었습니다.

그러나 6·25전쟁의 피해는 너무도 컸습니다. 국군과 유엔군 119만 명이 전사하거나 실종되고 부상당하였습니다. 북한군과 중국군의 피해는 더욱 컸지요. 민간인까지 포함하면 남북한의 인명 피해 규모는 500만 명이 넘었습니다. 전쟁 통에 가족과 헤어진 이산가족의 수는 1천만 명에 이르러 민족 전체의 큰 비극이 되었습니다. 거리에는 가족을 잃은 고아와 과부, 팔다리 잃은 군인, 일자리를 잃은 실업자, 살 곳을 잃은 이재민이 넘쳐났습니다.

물적 피해도 엄청났습니다. 거의 전국이 다 전쟁터였기 때문에 건물은 물론 도로, 철도, 항만과 산업 시설도 온전히 남아 있는 것을 찾기 어려울 정도였지요. 무엇보다 커다란 피해는 같은 민족끼리 씻을 수 없는 상처를 입히고 적대 관계가 되어버렸다는 점입니다.

물론 6·25전쟁의 결과 남한 사람들도 북한 공산주의의 실상을 적나라하게 알 수 있게 되었습니다. 공산주의자들은 남한을 점령하고 있는 동안 토지 개혁을 실시했습니다. 자작농의 토지까지 강제로 빼앗아 빈농에게 나누어주고는 30%에 가까운 작물을 세금으로 거둬갔습니다. 곡식알까지 헤아려 세금을 거둬가는, 일제강점기에도 없었던 지독한 수탈을 했지요. 또 18~36세 남자를 강제로 끌고 가 가장 전투가 치열했던 낙동강 전선에서 희생당하게 했습니다. 그들은 점령지에서 지주나 공무원, 군인이나 경찰 등을 인민재판하고 그 가족들까지 그 자리에서 죽였습니다. 이런 공산 체제에 대한 공포감 때문에 남북한의 주민들은 남한의 자유민주주의가 얼마나 소중한지를 절실히 느끼게 되었습니다.

그렇게 큰 전쟁을 치렀지만 한반도는 여전히 분단된 상태입니다. 한반도의 허리를 가르는 경계선이 38선에서 휴전선으로 바뀌었을 뿐이지요. 동쪽의 휴전선은 38선 위로 올라가고, 서쪽의 휴전선은 38선 아래로 내려왔습니다. 그래서 전쟁 전에 남한이었던 개성은 북한이 되었고 북한에 있던 설악산은 남한 땅이 되었습니다.

한미 상호 방위 조약은 1953년 10월 1일 미국 워싱턴에서 조인되었습니다. 이 조약에는 한국과 미국 중 어느 한 나라가 무력으로 공격받을 경우, 공통의 위험에 대처하기 위해 다른 한 나라와 서로 협의하고 원조한다는 내용이 담겨 있습니다. 또 두 나라 간의 합의에 따라 미국의 육·해·공군을 한국의 영토와 그 주변에 배치한다고 하였지요. 한국이 침략을 받을 경우 미국이 자동으로 개입한다는 내용은 이 조약에 없습니다. 하지만 미군 2개 사단이 서울과 휴전선 사이에 배치되어 있으므로 공산군이 다시 침략하면 미군과 함께 침략자들을 물리칠 수 있습니다.

34
국민의 손으로 대통령을 선출하다

일단 대포 소리는 멎었습니다. 6·25전쟁은 우리 민족에게 말할 수 없이 큰 상처를 안겼습니다. 하지만 참혹한 전쟁을 치르면서 깨달은 점도 많았습니다. 전쟁 중에 수많은 북한 동포가 자신의 터전을 다 버린 채 목숨을 걸고 남한으로 내려왔습니다. 공산주의를 피해서였지요. 자유가 그 무엇보다 소중하다는 것을 알았기 때문입니다.

3개월 동안 공산군의 점령 아래 살았던 남한 주민들도 공산주의 체제가 얼마나 잘못된 것인지 철저하게 경험했습니다. 북한 정부는 남한을 점령한 뒤 토지 개혁을 실시했습니다. 대지주는 물론 자작농의 토지도 무상으로 빼앗았지요. 그 토지를 빈농에게 나누어 주었다고 했지만 그 대신 북한 정부는 엄청난 세금을 거두어갔습니다. 작물의 포기 수, 포기 당 이삭 수, 이삭 당 곡식알까지 일일이 헤아려 수확량을 계산하고 그 수확량에 모두 세금을 매긴 것입니다.

◀ 부산 임시 수도 기념관. 대통령 직선제로 헌법을 바꾼 정치 파동은 1952년 임시 수도 부산에서 일어났다.

▲ 부산 북항. 피란민의 눈물로 얼룩졌던 부산항은 전쟁 후 우리 경제 발전의 전진 기지가 되었다.

　공산주의자들은 지주와 공무원 등을 민족의 반역자로 몰아 인민 재판을 했습니다. 인민 재판에서는 법적 절차나 근거 없이 자기들 마음대로 판결을 내렸지요. 사형 선고받은 사람을 그 자리에서 죽이기도 했습니다. 이런 광경을 봐야 했던 남한 주민들은 공포에 떨었습니다.

　이렇게 공산주의 체제를 겪어본 남한 주민들은, 대한민국이 북한의 공산주의 국가보다 훨씬 낫다는 것을 알게 되었습니다. 전쟁을 치르면서 국민들의 애국심과 국가에 대한 소속감이 강해진 것입니다.

사랑하는 사람들이 죽고 재산을 잃었지만 그렇다고 주저앉아 울고만 있을 수는 없었지요. 산 사람은 계속 살아야 했습니다. 우리 국민은 주린 배를 달래가며 전쟁으로 인한 피해 복구에 나서야 했습니다. 언제 다시 침략해올지 모르는 북한 공산주의자들을 막기 위해 군사력도 키워야 했습니다.

그러나 우리에게는 군사력을 키우는 것은 물론 복구를 수행할 자원도 돈도 절대적으로 부족했습니다. 이런 어려운 상황에 가장 큰 힘이 되어준 것은 미국의 경제 원조였지요. 미국은 한국 경제가 생산재 공업보다 소비재 공업을 먼저 건설할 것을 요구했습니다. 그래야 물가를 하루빨리 낮추고 경제적 안정을 찾을 수 있다고 판단했기 때문입니다.

하지만 우리 정부의 생각은 달랐습니다. 원조 달러를 기간 산업과 생산재 공업의 건설에 투자하기 원했습니다. 기간 산업은 다른 산업을 발전시키는 데 꼭 필요한, 국가 산업의 기초가 되는 산업이지요. 예를 들면 금속 산업, 에너지 산업, 수송 산업 등입니다.

우리 정부는 원조 달러만큼 수입한 물자를 민간에 판매했습니다. 그렇게 만들어진 돈을 대충자금이라고 했지요. 미국이 현금으로 원조한 것이 아니기 때문에 우리는 이런 식으로 돈을 마련해야 했습니다. 이렇게 만들어진 대충 자금 중 30~40%는 국방비로, 40~50%는 도로, 항만, 수도, 전기 등의 사회 간접 자본 건설에 투자되었습니다.

미국의 원조와 이를 적절히 활용한 정부의 정책 덕분에 우리 경제는 서서히 성장세를 보이기 시작했습니다. 1963년 이후 우리 경제가 이룬 '한강의 기적'도 1950년대 이승만 대통령의 정부가 힘겹게 이뤄놓은 공업화가 바탕에 있었기에 가능했습니다.

이 시기 이승만 대통령의 정부가 우리 사회에 안겨준 커다란 선물이 또 있습니다. 바로 교육 혁명입니다. 1949년 교육법이 제정되어 모든 국민은 자녀가 만 5세가 되면 초등학교에 보내야 하는 의무를 지게 되었지요. "모든 국민은 평등하게 교육받을 권리가 있다. 적어도 초등 교육은 의무적이며 무상으로 해야 한다"라고 한 건국 헌법의 정신이 실현된 것입니다.

정부는 1955년부터 교육 투자에 더 많은 힘을 기울였습니다. 국민들도 놀라운 교육열로 이에 호응했지요. 덕분에 교육받은 국민이 많이 늘어났고 이들이 고급 인력으로서 1960년대 산업 현장을 이끌어나갈 수 있게 되었습니다. 물론 교육은 우리 국민이 민주 정치에 참여할 수 있는 역량도 키워줬습니다.

이 무렵 정치에도 커다란 변화가 일어났습니다. 국회에서 대통령을 뽑던 이전 방식을 버리고 국민이 직접 대통령을 뽑을 수 있도록 헌법이 바뀌었습니다. 국회에서 다수 의석을 차지했던 야당 한민당은 이승만 대통령이 아닌, 자기 편 사람을 대통령으로 선출하려 했습니다. 이승만 대통령은 전쟁이 한창이던 그 시기에 국가 원수가 바뀌면 큰 혼란이 일 것이라 생각했습니다. 또 절대 다수의 국민이 자신을 지지한다고 확신하고 있었지요. 그래서 국민이 직접 대통령을 뽑는 방식으로 헌법을 바꾸자고 제안했습니다. 그런데 한민당은 이를 반대했습니다. 우리 국민의 정치 의식 수준이 낮아서 대통령을 제대로 뽑을 능력이 없다는 이유에서였습니다.

그때 국무총리였던 장택상이 정부와 야당이 내놓은 두 개의 개헌안 중 내용을 가려 뽑아(발췌) 새로운 개헌안(발췌 개헌안)을 만들어 내놓았습니다. 이 발췌 개헌안은 대통령 직선제에 내각 책임제 요소를 더한 것입니다. 하지만 야당 의원들은 이 안을 처리하러 국회에 나오기를 거부했지요. 당시 경찰과 군인들이 야당 의원들을 강제로 끌고 나와 표결을 위한 정족수를 채웠습니다. 부산 정치 파동이라고도 불리는 이 사건은 공산군과 전쟁이 한창이던 1952년 임시 수도 부산에서 일어났습니다.

　　그 과정에 무리는 있었지만 결국 발췌 개헌안은 통과되었고 우리 국민은 역사상 처음으로 우리 손으로 대통령을 선출하게 되었습니다. 선거 결과 이승만 후보는 523만 표를, 경쟁 후보였던 이시영 후보는 76만 표를 얻었습니다. 압도적인 지지를 받은 이승만은 우리 국민이 직접 뽑은 첫 대통령이 되었습니다.

35
부정 선거에 대한 항의로 시작된 4·19혁명

대한민국 건국의 기초라 할 수 있는 헌법은 5·10선거로 소집된 국회에서 고작 한 달 반에 만들어졌습니다. 새로 만들었다기보다는 여러 선진국의 헌법을 골라 짜깁기한 헌법이었지요. 건국 헌법은 초대 국회에서 세력이 가장 컸던 한민당의 주도로 제정되었습니다. 한민당과 헌법 초안을 만든 법률가들이 가장 마음에 들어 했던 민주적 정부 형태는 독일 바이마르 공화국의 내각책임제였습니다. 그래서 건국 헌법의 초안에서 정부 형태를 내각책임제로 정했지요.

하지만 이승만은 국회와 생각이 달랐습니다.

"나라를 새로 세운 지금, 해결해야 할 일이 산처럼 쌓여 있다. 이런 상황을 헤쳐 나가려면 강력한 정치적 지도력이 필요하다. 또 내각책임제가 되면 고질적인 붕당(朋黨) 정치로 흘러갈 가능성이 커질 것이다. …… 그러니 새 정부에는 대통령 중심제가 알맞다."

◀ 4·19혁명 희생자 영정. 희생자 중에 교복 입은 학생들의 모습이 눈에 많이 띈다.

이렇게 생각한 이승만은 대통령 중심제로 바꿀 것을 국회에 요청했습니다. 건국 즈음 대중에게 영향력이 가장 큰 정치인은 이승만이었습니다. 그와 명성을 다툰 정치인 중 5·10선거 이후까지 영향력을 유지한 사람은 한 명도 없었지요. 중도 좌파의 여운형은 암살당했고 공산당의 박헌영은 북한으로 도망쳤습니다. 임시 정부를 대표한 김구와 김규식은 대한민국 건국에 반대하며 5·10선거에 참여하지 않았습니다. 그런 상황이었으므로 한민당은 이승만의 요청을 들어줄 수밖에 없었습니다.

하지만 실제 만들어진 헌법은 내각책임제의 요소를 많이 담고 있었습니다. 대통령과 부통령을 따로따로 국회에서 선출하기로 정했는데 이래서는 온전한 대통령 중심제가 될 수 없지요. 만일 대통령과

▼ 국립 4·19민주묘지(서울 강북구 4·19로)에 있는 4월 학생 혁명 기념탑.

부통령이 서로 다른 정파에서 선출되면 정치가 안정되기 어렵지요. 무엇보다 국회는 대통령의 권력을 국회에 종속시키려 했습니다. 그래서 대통령과 국회 사이에 심각한 갈등이 생길 수밖에 없었습니다.

이승만 대통령 집권기에는 대통령 중심제를 유지했습니다. 그런데 4·19혁명 이후 권력을 잡은 야당은 주저하지 않고 내각책임제로 바꿨습니다. 하지만 내각책임제는 1년 만에 실패하고 말았습니다. 5·16군사 정변 이후 다시 대통령 중심제로 바뀌었고 이 정부 형태에 대해서 이의를 제기하는 사람은 별로 없습니다. 우리나라의 정부 형태로 대통령 책임제가 어울린다고 믿는 사람이 아직까지 많다는 의미입니다.

대통령 직선제도 마찬가지입니다. 물론 1952년 부산에서 헌법을 바꾸는 과정에서 무리가 있었습니다. 하지만 그 결과물인 대통령 직선제는 우리 국민의 큰 자산입니다. 1971년 유신 체제가 만들어지면서 몇 년 동안 대통령을 직접 뽑지 못했습니다. 1987년 대통령 직선제를 되찾기까지 우리 국민은 치열한 투쟁을 해야 했지요. 민주화의 장엄한 승리라고 여겨지는 6·29선언의 주요 내용이 대통령 직선제의 부활인 것을 보아도 대통령 직선제가 우리에게 얼마나 중요한 제도인지 알 수 있습니다.

이승만 대통령을 따르는 자유당과 끝까지 대립한 야당은 민주당이었습니다. 민주당은 1955년에 만들어졌습니다. 민주당의 주요 인사는 신익희, 조병옥, 장면 등이었지요. 1956년 제3대 대통령과 부통령 선거에 자유당 후보로 이승만과 이기붕이 출마했습니다. 이승만은 이때 이미 80세를 넘긴 노인이었습니다. 그러나 자유당에는 그를 대신할 사람이 없었지요. 정권이 민주당으로 넘어가면 내각책임제가 될 것이고 그러면 지난 8년 동안 이승만 대통령이 쌓아온 공든 탑이 다 무너질 판이었습니다. 1956년 대통령 선거에서 이승만이 당선되었습니다. 아직 그 인기가 남아 있었고 게다가 강력한 경쟁자였던 민주당의 신익희가 갑자기 병으로 세상을 떠났기 때문입니다.

하지만 부통령 후보였던 이기붕은 민주당 후보인 장면에게 졌습니다. 이기붕은 서울시장, 국방장관, 국회의장, 자유당 총재를 지낸, 이승만 대통령이 믿는 사람이었지요. 하지만 혼자 힘으로는 부통령 선거에 이길 수 없는 사람이었습니다. 부통령은 대통령에게 문제가 생겨서 직무를 수행하지 못할 때 그 자리를 이어받는 사람입니다. 그런 의미에서 부통령도 절대 상대 당에게 넘길 수 없는 중요한 자리였습니다.

1960년 제4대 대통령 선거가 다가왔습니다. 이때도 이승만이 대통령으로 다시 뽑히는 것은 어렵지 않아 보였습니다. 경쟁자였던 민주당의 조병옥 후보가 선거를 한 달 앞두고 미국에서 병으로 세상을 떠났기 때문이지요. 그런데 부통령 선거가 문제였습니다. 이때 이승만 대통령의 나이는 85세였습니다. 야당 후보가 부통령이 되었는데 고령인 대통령이 임기 중에 사망하면 정권이 고스란히 야당으로 넘어갈 판국이었습니다.

이기붕 세력은 부정 선거를 해서라도 부통령 자리를 차지하고자 했습니다. 이기붕은 학생들이 야당의 선거 유세에 참여하지 못하도록 막는 등 부정을 저지르기 시작했지요. 이에 항의하는 시위가 2월 28일 대구에서 시작되었고 이 시위는 전국적으로 퍼져나갔습니다. 3월 15일 선거 당일에는 본격적으로 부정이 저질러졌습니다.

결국 이승만과 이기붕은 높은 득표율로 당선되었습니다. 그러
나 상식적으로 납득할 수 없는 투표 결과에 국민들은 분노를 터뜨
렸습니다. 3월 15일 마산에서 부정 선거에 대한 항의 시위를 하던
중 김주열이라는 고등학생이 사망했습니다. 경찰이 쏜 최루탄에 맞
은 것이지요. 그런데 4월 11일 눈에 최루탄이 박힌 김주열의 시신
이 바다에서 발견되었습니다. 이를 계기로 부정 선거에 항의하는
시위는 전국으로 퍼져나갔습니다. 4월 18일 서울 국회의사당 앞에
고려대학생 1천여 명이 모여서 대통령과 부통령 선거를 다시 실시
하라고 요구했습니다. 그 다음 날 4월 19일에는 대학생, 중고등학
생, 심지어는 초등학생까지 거리로 몰려나왔습니다. 4·19혁명이 일
어난 것입니다.

▼ 국립 4·19민주묘지의 참배객 모습.

36
4·19혁명과 이승만 대통령의 하야

1960년 4월 19일 오후, 국회의사당 앞에 모였던 시위대 2천여 명은 당시 대통령 관저였던 경무대를 향해 행진을 시작했습니다. 시위대가 경무대 입구에 도착하자 경찰이 시위대를 향해 총을 쏘았습니다. 그곳에서 21명이 사망하고 172명이 다치는 참사가 일어났지요. 이 소식을 듣고 흥분한 서울 시민 20만 명이 시위대에 합류했고 그 기세는 전국으로 번져나갔습니다. 정부는 그날 서울을 비롯한 주요 도시에 계엄령을 선포하였습니다. 계엄사령부는 19일 하루 동안 민간인 111명과 경찰 네 명이 사망했고, 민간인 558명과 경찰 169명이 부상당했다고 발표했습니다.

계엄령으로 서울에서의 시위는 중단되었지만 대구, 인천, 전주 등에서는 학생 데모가 계속되었습니다. 25일 27개 대학 교수 285명은 3·15 부정 선거와 4·19 사태의 책임을 지고 대통령이 물러날 것을 요구하며 시위를 벌였습니다. 26일 측근으로부터 데모 상황을 보고받

◀ 국립 4·19민주묘지.

은 이승만 대통령은 침통한 표정으로 말했습니다.

"그래, 오늘은 한 사람도 다치게 해서는 안 되네. …… 어떻게 하면 좋을까? 내가 그만 두면 한 사람도 안 다치겠지? …… 자네 생각은 어떤가? 내가 그만두면 한 사람도 안 다치겠지?"

26일 시위 군중이 다시 서울 거리를 메웠습니다. 이승만 대통령은 "나는 해방 후 본국에 돌아와서 우리 애족하는 동포들과 더불어 잘 지냈으니 이제는 세상을 떠나도 여한이 없습니다. …… 국민이 원한다면 대통령직에서 물러나겠습니다"라는 내용의 하야 성명을 발표했습니다. 하야는 관직이나 정계에 있던 사람이 그 자리에서 물러나 평민으로 돌아간다는 뜻이지요.

대통령직 사임서를 국회에 제출한 이승만은 27일 경무대를 떠나 자신의 개인집이었던 이화장으로 돌아왔습니다. 이승만 대통령이 물러난 후 3·15 부정 선거로 부통령이 되었던 이기붕 가족 네 명이 함께 자살했다는 소식이 알려졌습니다. 부정 선거를 주도했던 내무 장관 최인규(崔仁圭)는 체포된 후 사형에 처해졌고 외무장관이었던 허정(許政)이 대통령 권한 대행으로 취임했습니다. 이른바 과도 정부가 출범한 것입니다. 이로써 4·19혁명 과정은 일단락이 지어졌습니다.

그로부터 한 달 후 이승만 대통령은 미국 하와이로 가는 비행기에 올랐습니다. 많은 사람은 이승만 대통령이 하와이로 망명한 것으로 알고 있습니다. 그런데 사실은 망명이 아니라 휴양 차 한두 달 일정의 여행을 떠난 것이었습니다. 하야 요청을 받아들여 자기 발로 대통령 관저를 걸어나온 전 대통령이 굳이 망명을 떠날 이유가 없었던 것이지요.

이승만 대통령은 사저인 이화장을 나서면서 "늦어도 한두 달 후면 돌아올 테니 집 잘 봐주게"라고 배웅 나온 사람들에게 말했습니다. 또 비행기로 이승만 대통령을 안내한 허정 권한 대행은 "염려마시고 푹 쉬고 오십시오"라고 인사했습니다. 그런데 이승만 대통령은 1965년 세상을 떠날 때까지 고국 땅을 밟지 못했습니다.

4·19혁명은 우리 역사에서 일반 대중이 들고 일어나 정권을 쓰러뜨린 최초의 사건입니다. 국가의 주권은 국민에게 있다는 민주주의의 기본 원리를 상징하는 역사적 사건이기도 합니다. 또 한국의 민주주의를 획기적으로 발전시킨 민주 혁명이기도 합니다.

▼ 이승만 대통령 묘역(국립현충원). 4·19혁명 후 미국으로 간 이승만 대통령은 살아생전 고국에 돌아오지 못했다.

물론 4·19혁명의 주역은 목숨을 걸고 불의에 항거한 사람들입니다. 그러나 대한민국의 주권자로서 민주주의를 지키기 위해 행동한 4·19혁명의 정신을 이 땅에 들여와 깊이 심은 사람은 바로 이승만 대통령이지요. 그는 해방 후 대한민국이 인간의 자유를 근원적인 가치로 받드는 자유민주주의 국가로 발전해가기를 진심으로 소망했고 그 실천을 위해 온갖 반대를 무릅썼습니다. 자유민주주의를 이 땅에 뿌리내리도록 애쓴 그의 노력이 국민들에게 받아들여졌고 4·19혁명을 일으킬 수 있는 정신적 밑받침이 되었던 것입니다.

　　이승만이 대통령의 자리에 오래 앉아 있는 동안 건국 초기에 그에게 협조했던 정치인들은 거의 모두 비판자로 돌아섰습니다. 1954년 이후 그는 자신만이 국민을 이끌어갈 수 있다고 믿게 되었지요. 그런 지나친 확신 때문에 이승만은 죽을 때까지 자신이 대통령 자리에 있어야 한다는 잘못된 판단을 하게 되었습니다. 물러날 시기를 놓쳤던 이승만 대통령은 민중 봉기 끝에 물러났습니다.

　　하지만 대한민국을 세우는 데 공헌한 것과 대한민국의 첫 대통령으로서의 그의 공로는 잊어서는 안 됩니다. 해방 직후 그는 완강하게 반공을 고집하고 자유민주주의 세력을 확고히 세워 한반도 전체가 공산주의 국가가 되는 것을 막았습니다.

　　대한민국이 건국될 무렵 이승만의 카리스마에 경쟁할 수 있는 다른 정치가는 없었습니다. 김구마저도 남북협상의 길로 들어서 5·10 총선거에 참여하지 않았기 때문이지요. 이승만 대통령은 건국 초기부터 국회를 장악한 지주·자본가 중심의 비판 세력과 끊임없이 대립했습니다. 그들은 국회 중심의 정부 형태를 원했습니다. 하지만 이승만 대통령은 국민이 대통령을 직접 선출하는 것이 한국의 민주주의를 발전시키는 데 도움이 된다고 생각하여 이를 도입하였습니다.

6·25전쟁 후 한미 상호 방위 조약을 맺게 된 것도 이승만 대통령의 활약 덕분이지요. 그는 또 미국 정부와 끊임없는 갈등을 겪으면서 원조 물자를 기반 산업 건설과 국민 교육에 투자할 수 있게 했습니다. 반공주의에 의한 자유민주주의 확립, 시장 경제 체제에 의한 경제적 번영 등이 이승만 대통령이 우리 국민에게 안겨준 선물입니다. 그런 노력들이 밑거름이 되어 1960년대 한강의 기적이라는 경제 성장의 열매를 맺게 된 것입니다.

37
실패로 끝난 내각책임제

4·19 혁명의 거센 파도가 휩쓸고 지나간 1960년 6월, 국회는 헌법개정안을 통과시켰습니다. 개정안의 주요 내용은 정부 형태를 대통령 중심제에서 내각책임제로 바꾸는 것이었습니다. 내각책임제에서 내각은 국회의 여당으로 조직됩니다. 그 내각이 행정부의 핵심을 이루고 국회가 국정 운영의 중심에 서는 정부 형태이지요. 이승만 정부 때 야당이었던 민주당은 이런 정부 형태를 오랫동안 주장해왔습니다.

또 새로 바뀐 내용 중 하나는 국회를 참의원과 민의원의 양원으로 나누었다는 것입니다. 미국의 하원에 해당하는 민의원은 전국 233개 소선거구에서 한 명씩 뽑힌 국회의원이지요. 예산 심의, 법률 제정, 국무원 불신임의 권한을 가졌습니다. 상원에 해당하는 참의원은 서울특별시와 각 도를 선거구로 총 58명을 뽑았습니다. 참의원들은 민의원에서 올라온 법안을 심의하고 대법관, 검찰총장, 대사 등

◀ 제2공화국 시절의 국회의사당. 내각책임제는 국회가 큰 힘을 갖는 정부 형태이다.

법률로 정한 공무원 임명에 대한 인준권을 가졌습니다.

제2공화국 때 대통령은 국회의 양원 합동회의에서 선출했습니다. 대통령은 국가 원수로서 국가를 대표하는 상징이었지요. 하지만 국가 행정의 실무 책임자는 국무총리였습니다.

1960년 7월, 새로 바뀐 헌법에 의해 민의원과 참의원 선거가 실시되었습니다. 총 291명을 뽑는 이 선거에서 민주당은 206석을 차지했습니다. 무소속으로 당선된 의원이 69명이었는데 이들도 곧 민주당에 흡수되었습니다. 민주당이 90%가 넘는 의석을 차지하고 정국을 완전히 손에 넣게 되었지요. 새로 선출된 윤보선 대통령과 장면 국무총리 두 사람 다 민주당 사람들이었습니다.

새로운 정부가 들어서고 선거도 마쳤습니다. 하지만 한번 흐트러진 사회는 좀처럼 안정을 찾지 못했습니다. 1961년 5월 16일, 5·16 군사 정변이 일어날 때까지 10개월 동안 유지된 장면 총리의 정부는 혼돈에서 헤어나지 못했습니다. 1년도 채 안 되는 그 기간에 개각을 세 차례나 했지요. 장관 등 국무위원들의 평균 재임 기간은 2개월에 지나지 않았습니다. 이렇게 정부가 안정되지 못한 가장 큰 이유는 윤보선 대통령과 장면 총리 사이의 갈등이었습니다. 민주당 내부에서는 오래 전부터 구파와 신파가 맞서고 있었습니다. 그들은 각자 민주당 안에서의 주도권을 잡으려 애썼지요. 윤보선(尹潽善) 대

◀ 장면의 흉상.

통령은 구파였습니다. 윤보선은 자기 파의 김도연(金度演)을 국무총리로 지명했지만 국회의 동의를 얻지 못했습니다. 윤보선은 어쩔 수 없이 신파의 장면(張勉)을 국무총리로 임명했습니다.

장면은 신파 사람들을 국무위원에 앉혔습니다. 당연히 구파가 반발했지요. 결국 구파는 민주당에서 갈라져 나가 신민당이라는 새로운 당을 만들었습니다. 헌법에는 대통령이 정당에 속할 수 없다고 되어 있는데 윤보선 대통령은 모든 일에서 구파와 신민당의 편만 들었습니다. 이렇게 최초의 내각책임제 정부는 여당 안에서의 치열한 권력 투쟁 가운데 시작되었습니다.

장면 정부는 경제 개발 계획을 발표하고 국가 재건을 위해 힘쓰려고 했습니다. 실업자 구제와 사회 기반 시설 확충을 위한 국토 개

▼ 내각책임제였던 제2공화국에서 국가 행정의 실무 책임자였던 장면의 집(서울 종로구 혜화로).

발 사업도 시작했습니다. 또 1951년 이래 오랜 숙제였던 일본과의 국교 정상화도 곧 이룰 계획이었습니다. 하지만 극심한 정치적인 싸움에 발목이 잡혀 실천을 거의 못했습니다. 그 모든 일을 이뤄낼 에너지를 엉뚱한 곳에 낭비한 것입니다.

4·19혁명으로 이승만 대통령의 독재를 몰아냈다고 생각했지만 그 자리에 민주당을 중심으로 한 붕당 정치가 자리 잡았습니다. 이런 상황을 우려하여 이승만이 끝까지 내각책임제를 거부했던 것이지요. 5·16 군사 정변으로 대통령 중심제가 복구된 이후 한국 국민은 더 이상 내각책임제에 미련을 갖지 않았습니다. 그런 점에서 본다면 내각책임제는 실패했지만 민주당 정부의 실험은 값진 교훈을 남긴 셈입니다.

한편 한국 사회는 4·19혁명으로 민주주의를 되찾았다는 해방감에 혼란과 무질서의 소용돌이에 빠지고 말았습니다. 우선 수없이 많은 시위와 데모가 벌어졌습니다. 민주당 정부 10개월 동안 길거리 데모에 나선 사람은 100만 명, 데모 건수는 2천 건에 달했습니다. 데모로 해가 뜨고 데모로 해가 진다는 말이 나올 정도였지요. 심지어는 초등학생들까지 데모를 했습니다. 선생님 전근가지 않게 해달라는 데모, 어른들 데모 그만하라는 데모도 있었습니다.

국회도 예외 없이 데모의 물결에 휩쓸렸지요. 1960년 10월 4·19 시위대에 총을 쏜 책임자들에 대한 판결이 내려졌는데 이에 불만을 품은 유족 등 시민 천여 명이 민의원 회의장에 들이닥쳤습니다. 의사당에 난입한 사람들은 민의원에게 강압적인 요구를 하여 네 가지 특별법을 제정하게 했습니다. 부정 선거 관련자와 부정한 방법으로 재산을 모은 사람들에 대한 처벌 등을 담은 법이었습니다.

시위대가 의사당에 들이닥친 것이나 국회의원에게 강압적으로 법안을 만들게 한 것 모두 민주 시민이라면 절대로 해서는 안 되는 일이었습니다. 또 한 가지 문제는 이 특별법들이 소급 입법으로 만들어졌다는 점입니다. 소급이란 거슬러 올라간다는 말로, 소급 입법은 그 법이 정해지기 전에 어긴 일까지 새로 정해진 법에 의해 처벌할 수 있도록 법을 만드는 것입니다. 우리나라는 원칙적으로 소급 입법을 금지하고 있습니다. 소급 입법을 하면 법에 대한 신뢰감이 떨어지기 때문입니다. 그래서 공익상 정말 중요한 이유가 아니라면 소급 입법을 하지 않도록 한 것이지요. 그런데 국회의원이 시위대의 요구에 떠밀려 소급 입법까지 했다는 것은 4·19혁명 이후의 혼란을 단적으로 보여주는 사례입니다.

38
사회의 방종과 혼란이 불러온 5·16 군사 정변

4·19혁명 이후 한국 사회는 민주주의를 앞에 내세운 방종의 소용돌이에 휘말리게 되었습니다. 자유가 무제한 허용되자 좌익 이념을 추종하는 세력이 다시 활동을 시작했습니다. 그들은 민족 해방을 실현하고 식민주의를 청산하자며 한미경제협정 폐기를 주장했습니다. 이 협정을 맺은 장면 정부를 제2의 조선총독부라며 공격하기도 했지요. 1960년 12월에는 교사와 학생들이 여객선을 납치하여 북한으로 가려 했던 사건도 일어났습니다.

보다 못한 장면 정부는 무제한으로 허락된 시위의 자유를 제한하려 했습니다. 그러기 위해 집회와 시위에 관한 법을 개정하려 했지요. 또 반공을 위한 특별법을 제정하여 반국가 단체와 그 구성원을 찬양하거나 동조하는 행위를 막으려 했습니다. 이런 정부의 움직임에 대해 다시 또 찬반 시위가 벌어졌습니다. 서울 시청 앞 광장에서 열린 시위에서 "인민공화국 만세" "김일성 만세"와 같은 구호

◀ 혁명 이후 4·19 정신은 남았지만 한국 사회는 방종의 소용돌이에 휘말리게 되었다.

도 나왔습니다. 이는 대한민국을 노골적으로 부정하는 구호였지요.

이런 남한의 혼란과 좌경화에 힘을 얻은 북한은 남북연방제를 제안했습니다. 남북연방제는, 남한과 북한이 당분간 각각의 국가 체제를 보존하면서 두 정부의 대표들이 모여 민족의 경제와 문화를 서서히 통일해나가자는 방안이었습니다. 북한의 김일성은 이런 남북연방제 제안서를 유엔에 제출하기도 했습니다. 이 안을 받아들이면 남한에 전기도 보내주겠다고 제안했지요. 북한의 이런 평화적인 태도에 힘을 얻은 남한의 좌익 계열 정치 세력이 통일 문제를 내걸고 다시 뭉쳤습니다. 그들은 반외세, 즉각적인 남북 협상, 중립화 통일을 주장했습니다.

이렇게 좌익 세력이 사회 전반에 스며든 동안 4·19혁명 1주년을 맞이하였습니다. 북한의 제안에 남한의 일부 대학생들은 남북 학생 회담을 제의하는 결의문을 채택했지요. 장면 정부는 남북 교류와 학생 회담을 허가할 수 없다고 했습니다. 남북연방제는 북한이 남한을 공산화하기 위해 단계적으로 내건 주장이었고 북한으로 회담하러 가는 학생들의 안전이 보장되지 않았기 때문입니다. 그러자 "가자 북으로, 오라 남으로"라는 구호가 내걸린, 남북 학생 회담을 환영하는 궐기대회가 열렸습니다.

얼핏 보면 정부가 왜 통일 운동을 막았을까 하는 의구심이 듭니다. 그런데 당시 김일성은 겉으로는 협상을 말하며 실제로는 한반도를 완전한 공산 국가로 만들 계획을 세우고 있었습니다. 그 계획의 하나가 남북연방제의 제안이었던 것이지요.

그때 중국의 마오쩌둥은 북한도 베트남처럼 남한에서 게릴라전을 펼칠 것을 요구했습니다. 하지만 북한 지도부는 이를 거부하면서 남조선 혁명론을 내세웠습니다. 이는, 미군이 남한에 있는 한 무력으로 남한을 해방시킬 수 없으니 먼저 남한 내의 혁명 세력을 지원한다는 것입니다. 혁명 세력이 민중 혁명을 일으키면 북한이 이에 합작하여 통일 국가를 만들어간다는 것이 남조선 혁명론입니다.

자유를 넘어선 방종의 분위기, 끊임없는 데모와 시위, 노조의 파업으로 인한 경제 침체, 앞뒤 가리지 않는 남북 교류와 통일 운동 등으로 제2공화국의 정국은 엉망진창이 되었습니다. 게다가 장면 정부는 그런 사회 분위기를 다잡고 통일 운동에 대처할 능력이 없었습니다.

무책임한 언론도 사회 혼란에 한 몫을 했지요. 자유당 말기의 언론 통제에 대한 반발로 장면 정부는 언론의 무조건적 자유를 보장했습니다. 수많은 언론사가 여기저기서 만들어졌습니다. 자유당 말기에 41개였던 일간 신문사는 400개에 가깝게 늘어났지요. 이 많은 언론사가 일제히 정부를 비판하고 나섰습니다. 마치 정부 비판이 언론사의 기본 업무인 듯 보일 정도였습니다. 사이비 기자들은 비리 폭로를 빌미로 주요 인사들을 협박하고 돈을 뜯어내기도 했습니다.

엄청난 사회 혼란으로 앞길을 예측할 수 없는 지경이 되자 대다수 국민은 커다란 불안감과 위기감에 휩싸이게 되었습니다. 이런 상황에서 벌어진 일이 5·16 군사 정변입니다.

1961년 5월 16일 새벽, 김포에 주둔한 해병대 1개 여단을 주력으로 한 3천여 명의 병력이 한강을 건넜습니다. 박정희 소장의 지휘로 움직인 이 병력은 곧바로 육군본부를 점령하고 정부의 주요 시설을 손에 넣었습니다. 5·16 군사 정변이 일어난 것이지요.

혁명군이 서울로 들어왔다는 소식을 들은 장면 총리는 혜화동에 있는 수녀원으로 몸을 피했습니다. 그는 두 차례나 미국 대사관에 전화를 걸어 유엔군이 혁명군을 진압해줄 것을 요청했지요. 하지만 미국은 어디에 숨었는지도 모르는 한국 정부 책임자의 말만 듣고 한국 내부의 일에 간섭할 수 없었습니다.

이때 참모총장이었던 장도영은 거사 사실을 미리 알고 있었지만 혁명군을 진압하려 하지 않았습니다. 혁명 지휘부는 16일 장도영과 함께 윤보선 대통령을 방문하였습니다. 이들을 맞이한 윤보선 대통령은 "올 것이 왔구나"라고 말했습니다. 사실상 군부의 혁명을 받아들이는 뜻의 말이었지요.

▼ 문래근린공원(서울 영등포구 문래로)에 서 있는 박정희의 흉상.

한때 주한 미국 대리대사 그린과 유엔군 사령관 매그루더는 혁명을 반대하고 장면 총리의 합법적인 정부를 지지한다고 발표하기도 했습니다. 매그루더는 유엔군의 작전 통제권 아래 있는 한국군이 반란을 일으킨 것은 자신의 권한을 침범한 것이라고 생각했던 것이지요. 그린과 매그루더는 윤보선 대통령에게 찾아가 혁명군 진압을 명령해달라고 요구했습니다. 하지만 윤보선 대통령은 이를 거절했습니다. "유혈 내전은 피해야 한다"라는 이유에서였습니다.

▼ 문래근린공원의 지하 벙커. 5.16 군사 정변이 시작된 곳이다.

39
세계를 놀라게 한 '한강의 기적'이 시작되다

5·16 군사 정변으로 제2공화국이 막을 내리고 군사 혁명 세력이 주축이 된 국가재건최고회의가 만들어졌습니다. 이 군사 정부는 1963년 12월까지 2년 6개월 동안 대한민국을 통치했지요. 그들은 반공 체제를 강화하고 부정부패를 없애기 위해 많은 개혁을 실시했습니다. 또 여러 가지 경제 개혁 안도 내놓았습니다. 화폐 개혁을 실시하고 농어민의 생계를 위협하던 높은 이자의 빚을 정리해주기도 했습니다. 군사 정부의 이 같은 개혁은 정치 사회의 부패와 혼란에 염증을 느끼고 불안에 떨었던 국민들의 지지를 받았습니다.

군사 정부는 1963년부터 민간 정부로 정권을 넘길 것을 약속했습니다. 1962년 12월 새로운 민간 정부를 세우기 위한 새로운 헌법이 국민투표로 확정되었습니다. 4·19혁명 이후 실시된 제3차, 제4차 개헌은 건국 헌법의 틀을 그대로 두고 일부 조항을 바꾸는 방식이었

◀ 5·16 이후 군사 정부는 농어민의 생계를 위협하던 이자 높은 빚을 정리해주었다(박정희 기념관 전시물).

지요. 하지만 제5차 개헌은 건국 헌법의 틀을 허물고 헌법을 거의 새롭게 만드는 수준이었습니다.

새로운 헌법은 대통령 중심제를 정부 형태로 선택했지요. 대통령은 국민이 직접 선거로 뽑으며 임기는 4년, 1차에 한해 한 번 더 대통령 후보로 출마할 수 있도록 했습니다. 많은 문제점을 안고 있던 부통령제는 폐지되었고 대신 국무총리제가 다시 실시되었습니다.

대통령의 권한은 더욱 강해졌습니다. 제5차 개정 헌법에서는 대통령이 계엄을 선포할 수 있는 권리를 더했습니다. 전쟁이나 사변 또는 그에 준하는 국가 비상 사태를 맞아 공공의 질서를 유지하기 위해 대통령이 계엄을 선포하고 군 병력을 동원할 수 있는 권리를 인정한 것입니다. 계엄이 선포되면 국민의 기본권에 제약이 가해질 수

▼ 우리 국민의 능력과 노력으로 우리 경제가 급속한 성장을 이룰 수 있었다(박정희 기념관 전시물).

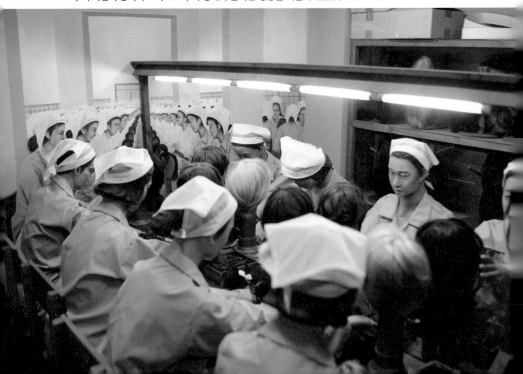

도 있습니다.

새로운 헌법은 경제 체제 면에서 중대한 수정이 가해졌습니다. "대한민국의 경제 질서는 개인의 경제상의 자유와 창의를 존중함을 기본으로 한다"라는 새 헌법의 조항은 대한민국이 자유 시장 경제 체제임을 확고히 말해주고 있지요. 다만 "모든 국민에게 생활의 기본적 수요를 충족시키는 사회 정의 실현과 균형 있는 국민 경제의 발전을 위해 국가는 필요한 범위 안에서 경제에 관해 규제와 조정을 할 수 있다"라고 하였습니다. 이렇게 새 헌법에서는 사회민주주의 경제 체제의 요소가 담긴 건국 헌법의 규정들을 폐지하거나 크게 바꾸었습니다.

1963년 10월에 실시된 대통령 선거에 민주공화당의 박정희, 민정당의 윤보선, 국민의 당의 허정 등이 출마했습니다. 이전의 정치인들이 자유민주주의와 정치적 방종을 혼동한다고 비난했던 박정희는 윤보선을 누르고 대통령에 당선되었습니다. 곧이어 치러진 국회의원 선거에서는 여당인 민주공화당이 2/3분에 가까운 110석을 차지했지요. 그 덕분에 박정희 정부는 경제 개발을 강력하게 추진할 수 있는 힘을 얻게 되었습니다.

박정희 대통령의 업적 중 가장 먼저 떠오르는 것은 경제 발전입니다. 6·25전쟁으로 대한민국의 전 국토는 폐허가 되었습니다. 그런데 전쟁이 끝난 지 10년만인 1963년부터 한국 경제는 본격적인 고도 성장을 이루기 시작했지요. 1962년의 경제 성장률은 2.1%에 지나지 않았는데 1963년 갑자기 9.1%로 뛰어올랐습니다. 이 성장세는 1979년 박정희 대통령이 서거할 때까지 지속되어 박정희 정부가 이

록한 경제 성장률은 연평균 9.2%에 달했습니다. 세계인들은 대한민국의 경제 성장을 '한강의 기적'이라 부르며 놀라워했습니다.

대한민국 경제가 급속한 성장을 이룰 수 있었던 데는 몇 가지 요인이 있습니다. 물론 가장 중요한 요인으로는 우리 국민들의 능력과 노력을 들 수 있지요. 그리고 성장의 바탕에는 이승만 정부 때 미국의 경제 원조를 활용하여 잘 다져놓은 기간 산업과 교육의 기반이 있었습니다. 경제 개발 5개년 계획을 강력하게 실천해나간 박정희 정부의 추진력도 큰 힘을 발휘한 것은 물론 세계 경제의 성장도 한몫을 했습니다.

1963년부터 고도 성장을 했다고 하지만 박정희 정부도 초반에는 고전을 면치 못했습니다. 경제 개발을 위한 자금을 구하기 어려웠던 것이지요. 그때까지도 한국은 원조로 나라 살림을 꾸려가는 보잘것 없는 후진국이었습니다. 그런 나라에 공장을 지으라고 돈을 빌려주는 외국의 금융 기관은 찾을 수 없었습니다. 공장을 짓는 데 필요한 자금을 마련하려면 수출로 달러를 벌어들일 수밖에 없었습니다.

박정희 정부는 제1차 경제 개발 계획 때부터 수출 증대에 역점을 두었습니다. 하지만 1962년의 수출 실적은 목표에도 미치지 못했습니다. 그나마 수출 품목은 쌀, 김, 텅스텐, 석탄 등 1차 산업 품목이 대부분이었지요.

그런데 1963년부터 수출이 크게 늘어나게 되었습니다. 수출 품목도 공산품이 1/3을 차지했습니다. 예상치 못했던 공산품이 수출 주력 상품이 된 것입니다. 공산품 수출의 주역은 철강재, 합판, 면포였습니다. 이들 산업이 느닷없이 수출의 주역이 된 것은 아닙니다. 이들은 1950년대 이승만 정부의 적극적인 재정 지원으로 뿌리를 내려 꾸준히 해외 시장을 개척해온 산업 분야입니다. 이들의 수출이 활발해진 덕분에 박정희 정부는 경제 개발에 필요한 달러를 벌어들일 수 있었습니다. 그런 점에서 보면 한국 경제의 고도 성장은 이승만 정부가 힘들게 뿌린 씨앗으로 박정희 정부가 열매를 맺게 한 것입니다.

공산품 수출의 가능성을 본 박정희 정부는 공산품 수출을 증강하는 방향으로 제1차 경제 개발의 길을 틀었습니다. 그 결과 1964년에는 "수출만이 살 길이다"라는 구호가 정부는 물론 민간에도 널리 퍼지게 되었습니다.

40
한일 국교 정상화와 베트남 전쟁 참전

경제 개발 계획을 추진하는 과정에서 기업가들이 박정희 정부에 가장 절실하게 요청한 것은 일본과의 국교 정상화였습니다. 국교 정상화가 이뤄져야 한국의 풍부한 노동력과 일본의 우수한 기술력을 결합하여 외국 시장에 경쟁력 있는 공산품을 만들어낼 수 있고 그래야 더 많은 수출을 할 수 있다는 것이었습니다.

이전에도 한일 회담은 열리고 있었습니다. 일본과의 회담은 1951년 10월 시작되었지요. 미국의 강력한 권유에 의해서였습니다. 하지만 두 나라가 정식으로 국교를 맺기까지는 14년이나 걸렸습니다. 두 나라가 좀처럼 의견을 좁히지 못했던 부분은 재일 동포의 법적 지위, 일본에 대한 배상 청구권, 동해상의 어업권 등이었습니다. 한국은 일본의 식민 지배 때문에, 또 전쟁 뒤처리를 하느라 피해를 입은 22억 달러를 배상하라고 청구했습니다. 하지만 일본은 그 근거를 인정하지 않았습니다. 오히려 자신들이 한국에 남기고 간 재산을 찾겠

◀ **베트남 전쟁에 파견되었던 부대의 깃발들**(강원도 화천 베트남전 참전기념관).

다며 청구권을 주장했습니다.

심지어 1953년 10월에 열린 제3차 회담에서는 일본 측 대표 구보다[久保田貫一郎]가 "일본의 지배는 한국의 발전에 도움이 되었다. 또 일본이 아니었더라도 한국은 중국이나 러시아의 지배를 받았을 것이다"라는 망언까지 했습니다. 이 발언으로 회담이 중단되었지요. 1957년 말 일본이 구보다 발언을 취소하고 한국에 대한 청구권을 포기한 덕분에 회담이 다시 열릴 수 있었습니다. 그런데 이번엔 일본 정부가 일본에 사는 우리 동포를 북한으로 보냈습니다. 재일 동포 북송 사건이었습니다. 그 바람에 회담은 다시 중단되었습니다. 이렇게 개최와 중단을 거듭하면서 1천2백 회가 넘는 한일 회담이 열렸습니다.

그런데 박정희 대통령은 일본과의 국교 정상화가 반드시 필요하다고 생각했습니다. 그래서 당시 중앙정보부장이던 김종필을 일본에 보냈습니다. 일본의 외무부 장관인 오히라와 김종필은 두 나라의 국교 정상화에 대한 타협에 성공했습니다. 청구권 문제는 일본이 10년에 걸쳐 한국에 3억 달러의 무상 원조와 2억 달러의 공공 차관을 제공하는 것으로 마무리 지었습니다.

이 사실이 알려지자 야당과 대학생들은 크게 반발했습니다. 굴욕 외교라는 것이었지요. 서울에서는 대대적인 군중 시위가 일어났습니다. 그러나 1965년 6월 일본과의 국교 정상화를 위한 한일협정에 두 나라 외무부 장관이 사인을 하였습니다. 그 해 8월 국회의 비준을 얻어 일본과 마침내 정식으로 국교를 맺게 되었습니다.

박정희 정부는 수출 증대뿐만 아니라 기간 산업을 확충하는 데도 많은 노력을 기울였습니다. 기간 산업이란 다른 산업을 발전시키는 데 기초가 되는 산업으로, 도로, 항만, 정유, 비료, 석유 화학, 제철 산업 등을 말합니다.

박정희 대통령은 제2차 경제 개발 계획에 경부고속도로 건설을 포함했습니다. 많은 사람이 반대했지요. 고속도로 건설에는 1969년 정부 예산의 13%나 되는 큰돈이 들었기 때문입니다. 하지만 경부고속도로 건설 사업은 계획대로 이뤄져 1970년 7월 완공을 보게 되었습니다. 경부고속도로는 전국을 하루 생활권으로 만들어준 것은 물론, 화물 수송을 원활하게 해주는 한국 경제의 대동맥으로서의 역할을 톡톡히 해내게 되었습니다.

▼ 일본에서 부품을 들여와 기아자동차가 조립 생산한 삼륜차. 이 삼륜차는 우리나라 경제 발전에 크게 기여하였다.

이때 종합 제철소도 지어졌습니다. 제철소를 만드는 데는 많은 돈이 필요했지요. 제철소는 다른 어떤 기간 산업보다 시급했는데 건설 자금과 기술을 구할 길이 없었습니다. 그래서 박정희 대통령은 일본에서 들어올 예정이던 청구권 자금의 일부를 제철소 짓는 데 쓰기로 했습니다. 일본도 이에 동의하고 기술 자문까지 제공했습니다. 덕분에 1970년 4월 포항종합제철소가 착공되었습니다. 1972년 7월 첫 공장을 완성한 포항제철은 이후 우리나라가 중화학공업화를 추진하는 데 중요한 바탕이 되었습니다.

아직까지 우리나라 수출의 효자 노릇을 하고 있는 자동차 산업도 이 무렵 시작되었습니다. 자동차 산업은 기초 소재와 부품 생산은 물론 판매와 애프터 서비스에 이르기까지 광범위한 관련 산업

▼ 베트남 전쟁에는 약31만 명의 한국군이 참전하여 지하에 숨었던 월맹군과 전투를 벌였다(베트남전 참전기념관).

을 가지고 있습니다. 그래서 자동차 산업이 발달하면 고용이 증대되고 산업 구조가 고도화하는 데 큰 힘이 되지요. 1960년대 말 외국에서 부품을 사다가 조립하여 자동차를 만들던 우리나라의 자동차 공장에서는 1970년대 들어서서 국산 자동차를 만들어내기 시작했습니다.

한일협정이 맺어질 무렵 박정희 정부는 베트남 전쟁에 군대를 보내기로 결정하였습니다. 베트남 전쟁에 참여하게 된 이유는 크게 두 가지였지요. 우선 우리나라의 안보를 위해서였습니다. 베트남 전쟁 때문에 우리나라를 지키던 미군의 일부가 빠져나가는 것을 막으려한 것입니다. 또 한 가지는 경제적인 문제였습니다. 미국은 한국군의 파병에 따른 비용을 모두 부담했을 뿐 아니라 베트남의 건설과 구호 사업에 필요한 물자와 용역을 모두 한국에서 사가겠다고 약속했습니다. 전쟁에 참가한 동안 베트남과의 무역을 통해, 또 파견된 군인과 노무자들의 봉급, 기업의 이익을 통해 한국 경제는 거액의 달러를 벌어들일 수 있었습니다.

박정희 정부는 한일협정을 맺고 베트남에 파병함으로써 수출에 온 힘을 쏟을 수 있는 환경을 만들었습니다. 우선 우방인 미국과 확고한 유대 관계를 이루었지요. 또 일본에서 수입한 원료와 중간재를 국내에서 가공하여 미국으로 수출하였습니다. 이런 국제 시장의 연관 관계는 한국 경제를 고도 성장으로 이끈 가장 중요한 힘이 되었습니다.

41
근면·자조·협동을 강조한 새마을 운동

정희 대통령의 대표적인 업적으로 국토 종합 개발과 새마을 운동 실시를 빼놓을 수 없습니다. 해방 이후 남한의 산림은 급속히 황폐해졌습니다. 북한으로부터 석탄의 공급이 끊기면서 연료가 부족해지니 사람들이 산의 나무를 마구 잘라다 연료로 사용했기 때문이지요. 6·25전쟁도 산림을 황폐하게 만들었습니다. 그러다보니 산은 모두 나무가 없는 벌거숭이산이 되었고 그로 인해 해마다 가뭄과 홍수의 피해를 입게 되었습니다.

5·16 이후 군사 정부는 허락 없이 나무를 베는 것을 엄격하게 단속했습니다. 또 한편으로는 산에 나무를 심는 일에 힘을 쏟았습니다. 1960년대에는 사방(砂防) 사업과 연료림 조성에 중점을 두었습니다. 사방 사업은 모래가 흘러내릴 정도로 심각하게 황폐한 산지에 버팀목 등을 대고 인공으로 숲을 만드는 일이지요. 또 정부는 마을마다 빨리 자라는 나무로 숲을 만들어 주민들이 공동으로 베어다 땔감

◀새마을 운동은, 농촌을 잘 살게 하자는 경제 운동을 넘어선 정신 개조 운동이었다(박정희 기념관).

으로 쓰게 해주었습니다.

본격적인 산림 녹화는 1973년부터 실시되었습니다. 1987년 이 사업이 완료되었을 때 전국의 산림은 벌거벗은 모습이 아닌 울창하고 푸른 숲을 이루게 되었습니다.

박정희 대통령은 경제 개발로 재정적 여유가 생기자 1960년대 말부터 농업을 지원하기 시작했습니다. 정부가 농민들로부터 쌀을 사들일 때 그 값을 해마다 올려주는 등의 노력을 한 것이지요. 그런데 본격적인 농촌 개발은 1971년 새마을 운동을 통해서 시작되었습니다.

"새벽종이 울렸네 새 아침이 밝았네 / 너도 나도 일어나 새 마을을 가꾸세 ……"

▼ 근면, 자조, 협동이 새마을 운동의 3대 정신이었다.

이때부터 새마을 운동 노래가 전국의 농촌에 울려 퍼졌습니다. 이 노래의 가사 중에는 "살기 좋은 내 마을 우리 힘으로 만드세"라는 부분이 있습니다. 박정희 정부가 강조한 새마을 운동의 중요한 정신은 이 가사처럼 마을 주민이 스스로 마을을 개선해보고자 하는 노력을 기울이는 것이었습니다. 그래서 새마을 운동에서는 마을 단위로 지원할 때 전년도의 실적을 기준으로 삼았습니다. 전년도의 실적이 나쁜 마을은 지원 대상에서 제외한 것이지요. 이에 농촌 마을들은 다른 마을에 뒤지지 않으려 단결하고 자진하여 새마을 운동에 참여했습니다.

1973년 정부는 리더십과 공동 사업이 있는지에 따라 전국 3만5천 개 마을을 자립 마을, 자조 마을, 기초 마을로 나누었습니다. 기초 마을은 리더십과 공동 사업이 없는 마을이지요. 이 마을들에는 그 등급에 맞게 적합한 사업 과제가 주어지고 이에 따라 정부 지원도 제공되었습니다. 또 기초 마을이 자조 마을로, 자조 마을이 자립 마을로 승격되려면 일전한 요건을 충족해야 했지요. 예를 들자면 마을의 간선 도로가 얼마나 정비되었는지 농경지에 농업용수를 얼마나 잘 댈 수 있는지, 지붕과 담장이 얼마나 깨끗하게 개량되었는지 등이 기준이 되었습니다. 이렇게 등급이 나뉘고 승급 기준이 정해지자 전국에서는 새마을 운동의 불길이 들불처럼 퍼져갔습니다. 마을 사이에 경쟁심이 자극된 것이지요.

새마을 운동의 기본 정신은 근면·자조·협동입니다. 새마을 운동은 어찌 보면 단순하게 농촌을 잘 살게 하자는 경제 운동이 아니었습니다. 마을 주민들이, 나아가 전 국민이 근면·자조·협동하는 국민

▲ 전태일 동상. 평화시장 노동자였던 전태일은 "우리는 기계가 아니다!" 라는 구호를 외치며 분신했다.

이 될 수 있도록 바꾸어나가는 정신 개조 운동이었습니다. 마을이라는 사업체가 새마을 정신으로 단결하여 뭔가 건설적인 방향으로 삶을 전개해나가도록 분위기를 만들었으니까요.

박정희 대통령은 농촌에서 성공을 거둔 새마을 운동을 도시로, 공장으로 확대해 나갔습니다. 그는, 이미 1961년에 "나라의 부패와 구악을 없애고 퇴폐한 국민 도의와 민족 정기를 바로 잡는다"라는 혁명 공약을 내놓았습니다. 새마을 운동은 이 혁명 공약에 기초한 정신 운동이었습니다. 그후 박정희 정부의 유신 개헌 등에 반발하고 저항했던 사람들도 이 새마을 운동에는 공감하고 적극 참여하기도 했습니다.

새마을 운동은 당시의 경제 성장 못지않은 커다란 성과를 남겼습니다. 1979년 박정희 대통령이 사망할 때까지 전국 3만5천 개 마을 중 97%가 자립 마을로 승격했고 기초 마을은 하나도 남지 않았습니다. 그와 더불어 농촌의 생활 환경이 크게 개선되었던 것이지요. 또 1970년 전기가 들어오던 마을은 전체의 20%에 지나지 않았는데

1978년에는 98%나 되었습니다.

이 시기에는 농촌뿐만 아니라 한국 경제 전체가 고도 성장을 이루었습니다. 덕분에 국민들의 삶의 질도 크게 개선되었지요. 1961년 82달러이던 1인당 국민소득은 1987년 3,218달러로 증가했습니다. 건강 상태도 좋아져서 1960년 52.4세이던 평균 수명은 1987년 70세로 길어졌습니다. 우리 국민이 오랜 굶주림과 질병의 굴레에서 벗어나게 된 것이지요.

그러나 밝은 곳이 있으면 그 그늘도 있게 마련입니다. 산업화와 공업화를 급속하게 추진하는 과정에 인간 소외 현상이 일어나고 노동자 계층은 열악한 환경에서 중노동에 시달리는 상황에 내몰리게 되었습니다. 1970년 평화시장에서 재단사로 일하던 전태일은 노동청과 서울시에 노동 조건 개선을 요구하는 진정서를 제출했지만 묵살당했습니다. 그러자 그는 평화시장 앞에서 노동 환경 개선을 요구하는 시위를 벌이며 온몸에 석유를 끼얹고 불을 붙였습니다. 전태일이 사망에 이르기 전 외친 "근로기준법을 지켜라! 우리는 기계가 아니다!" 라는 구호는 이후 노동 환경이 개선되는 데 커다란 영향을 끼쳤습니다.

42
국토종합개발계획 수립과 중화학공업화 선언

1972년 박정희 대통령은 10년 동안 계속될 국토종합개발계획을 세웠습니다. 그 중심 사업은 다목적 댐의 건설이었습니다. 이때 한강 유역에는 소양강댐과 충주댐이, 낙동강 유역에는 안동댐과 합천댐이, 금강 유역에는 대청댐이, 영산강 유역에는 장성댐 등이 건설되었습니다. 이 댐들은 해마다 되풀이되는 가뭄과 홍수에 의한 농사 피해를 근원적으로 없애주었지요. 또 생활용수와 공업용수도 안정적으로 확보하게 해주었습니다.

박정희 대통령은 1973년 1월 '중화학공업화 선언'을 하였습니다. 중화학공업화 계획의 핵심은 철강·비철금속·기계·조선·전자·화학 공업을 6대 전략 공업으로 선정하고 1981년까지 전체 공업에서 중화학공업의 비중을 51%로 늘리는 것이었지요. 이와 함께 1인당 국민소득 1천 달러와 수출 100억 달러를 달성하겠다는 계획도 제시했습니다.

◀ 국토종합개발계획의 일환으로 건설된 소양강 다목적 댐.

그러나 이 계획은 국내외에서 반대에 부딪혔습니다. 철강·기계·조선·화학 공업 등은 산업혁명 이래 오랫동안 선진국들이 독점해온 분야였습니다. 거기에 한국과 같은 후진국이 뛰어들어 그들과 경쟁하는 것은 거의 불가능해보였던 것이지요. 하지만 박정희 대통령은 그 모험적인 투자를 강행하기로 성큼 발걸음을 내딛었습니다.

중화학공업화는 민간 기업이 주체가 되어 추진되었습니다. 기업가들은 처음에는 참여를 망설였습니다. 성공 가능성이 적어보였기 때문이지요. 하지만 정부가 강력한 의지를 보이자 조금씩 적극적인 자세로 돌아섰습니다. 여기에 다수의 국민이 호응하였습니다.

정부는 1972년부터 10년 동안 무려 100만 명에 가까운 기능공을 양성하였습니다. 기계공고 학생들의 반 이상에게 학비를 면제하

▼ 소양강 다목적 댐. 다목적 댐들 덕분에 우리 국민은 가뭄과 홍수 피해에서 벗어나게 되었다.

고 장학금을 주어 재학 중에 기능사 자격증을 취득할 수 있도록 지원했습니다. 이들은 졸업 후 중화학공업 분야의 대기업에 우선적으로 선발되었지요. 이렇게 우수하고도 수많은 인적 자본이 중화학공업화를 성공으로 이끄는 가장 기초적인 조건이 되었습니다.

중화학공업화의 실적은 얼마 지나지 않아 나타나기 시작했습니다. 기계 공업을 제외한 다른 공업들은 처음 세웠던 목표를 넘어섰습니다. 1978년까지 한국 경제는 해마다 10% 이상의 높은 성장률을 보였습니다. 1974~1975년 오일 쇼크 때는 6~8%로 성장이 주춤했을 뿐이지요.

1973년부터 5년 동안 제조업의 성장률은 20%나 되었습니다. 1979년에는 전체 제조업에서 중화학공업이 차지하는 비중이 54%였으니 제조업의 성장은 곧 중화학공업의 성장이었습니다. 또 그해 수출한 공산품 중에서 중화학 제품은 48%에 달했습니다. 수출 100억 달러, 국민소득 1천 달러의 목표도 계획보다 4년이나 앞서서 달성할 수 있었습니다.

오일 쇼크라는 위기는 한국 경제에 의외의 기회를 가져다주었습니다. 석유 가격이 올라 거액의 오일 머니를 벌어들인 중동 지역에 건설 붐이 일었던 것이지요. 뜨거운 사막 지대인 중동에서 한국의 노동자들은 놀라울 정도의 인내심으로 성실하게 일했습니다. 1975~1979년 사이에 중동 건설을 통해 한국 경제가 벌어들인 외화는 205억 달러였습니다. 이는 같은 기간 총 수출액의 40%에 가까운 큰 금액이었습니다.

박정희 정부의 중화학공업화 성과 뒤에는 10월 유신이라는 그늘도 있었습니다. 1967년과 1971년의 대통령 선거에서 야당은 박정희 대통령의 수출 주도형 개발 정책을 비판했습니다. 대신 대중경제론을 내놓았지요. 이는 수출 시장이 아니라 국내 시장을 주력 무대로 하고 대기업이 아니라 농업과 중소기업을 우선적으로 발전시키자는 정책이었습니다. 대중경제론은 당시 한국 경제를 외국 자본과 국내 대기업이 중소기업, 농민, 노동자를 억압하는 구조라고 보았습니다. 수출은 국내의 낮은 임금과 낮은 농산물 값을 바탕으로 이뤄지므로 수출 주도형 개발 정책을 추진하는 한 노동자와 농민은 빈곤에서 벗어날 수 없고 자립 경제의 길도 멀어진다고 주장하였습니다.

대중경제론은 국민 저축을 높여 국내 자본을 최대한 동원하고 그 자본을 농업과 중소기업에 우선적으로 투자하여 국내 시장을 확대해야 한다고 하였습니다. 나아가 중소기업가, 양심적 지식인, 농민, 노동자가 연대하여 대중민주주의를 발전시켜야 한다는 주장도 했습니다.

그러나 대중경제론의 주장은 한국 경제가 고도 성장을 지속하자 설득력을 잃었습니다. 대중경제론은 국내 시장을 토대로 중소기업을 발전시켜야 한다고 했지만 그래서는 국제 경쟁력을 확보할 수 없었습니다. 그들은 한국 경제에서 일어나고 있던 질적인 변화, 즉 수출이 확대되면서 그 원료와 중간재를 공급하는 산업이 건설되고 실질 소득과 실질 임금이 향상되는 등의 현실은 보지 못하거나 외면했습니다.

대중경제론은 이제껏 박정희 대통령이 추진해온 개발 정책과는 너무도 거리가 먼 정책이었습니다. 그 상태에서 정권이 교체되면 박정희 대통령이 지난 10년 동안 쌓아온 고도 성장 체제가 해체될 것이 우려되는 상황이었습니다.

1972년 10월 17일 박정희 대통령은 전국에 비상 계엄을 선포했습니다. 국회를 해산하고 모든 정당과 정치 활동을 중지한 후 헌법을 고칠 것을 선언하였습니다. 정부가 내놓은 유신헌법은 한 달 후 국민투표를 거쳐 확정되었지요. 정부가 내세운 10월 유신의 대표적인 명분은, 당시 국가 체제로는 한반도를 둘러싼 국제 정세 변화와 7·4 남북공동성명으로 시작된 북한과의 대화에 적절하게 대응할 수 없다는 것이었습니다.

▼ 10월 유신의 명분은 국제 정세 변화와 북한과의 대화에 적절하게 대응하기 위함이었다(박정희 기념관).

내 一生 祖國과
民族을 爲하여

1974. 5. 20.

大統領 朴正熙

과 함께 있는 박정희 대통령

육영수여사와 휴양지에서

농촌 할머니들과 대화하는 박대통령

제9대 대통령 취

박정희

g Hee as a human being

한 산골 소년으로 태어나 어려움을 딛고 한
지 지낸 박정희. 집권 18년 6개월 동안 박정희
6·25전쟁을 겪으면서 격동기를 보내며 극도로
한민국을 바로잡고 조국근대화의 기틀을
가난을 극복하고 대통령이 되기까지의 인생
치자로서 국가재건을 이룩하는데 뒷받침이

43
대통령 시해로 막을 내린 유신 체제

1972년 11월, 국민투표를 거쳐 확정된 새 헌법은 유신 헌법이라 불리게 되었습니다. 유신 헌법에서는 통일주체국민회의가 우리나라의 최고 주권 기관이었습니다. 국민은 이 회의를 구성하는 대의원을 선출하기 위해 선거를 했지요. 면이나 동에서 한 명 이상의 대의원이 뽑혔습니다. 대통령 선거는 간접선거로 바뀌었습니다. 국민이 직접 투표하여 뽑는 것이 아니라 통일주체국민회의 대의원들이 대통령을 선출하게 된 것입니다.

대통령은 국회의원 전체의 1/3을 통일주체국민회의에 추천할 수 있었습니다. 통일주체국민회의는 웬만하면 대통령의 추천에 동의하여 국회의원을 임명하였습니다. 그래서 실제적으로 대통령이 국회의원의 1/3을 직접 임명하는 것이나 다름없었지요. 대통령의 권한이 이전보다 훨씬 더 커진 것입니다. 그런 가운데 1972년 12월 박정희는 임기 6년의 제8대 대통령에 취임했습니다.

◀ 박정희 대통령은 경제 발전 뿐만 아니라 민족 문화 중흥에도 많은 노력을 기울였다.

유신 체제는 국민들의 불만과 저항을 안고 시작되었습니다. 우선 국민들은 대통령을 직접 선출하지 못하는 상황을 받아들이기 어려웠습니다. 1952년 대통령 직선제가 도입된 이후 우리 국민은 여섯 번이나 스스로의 손으로 대통령을 뽑았지요. 그래서 대통령을 직접 뽑는다는 것을 민주주의의 중요한 요건으로 여기고 있었습니다.

유신 체제에 대한 국민들의 불만은 1973년 실시된 국회의원 선거에서 여실히 드러났습니다. 집권당인 공화당이 39%밖에 표를 얻지 못한 것이지요. 하지만 통일주체국민회의에서 대통령 추천으로 임명된 국회의원들로 여당은 국회에서 다수의 의석을 차지할 수 있었습니다.

▼박정희 대통령이 시해된 궁정동 안전 가옥은 허물어지고 지금은 그 자리에 무궁화동산이 조성되어 있다.

그 무렵부터 대학생들과 재야 세력을 중심으로 유신 체제 반대 시위가 일어났습니다. 박정희 대통령은 이를 막기 위해 긴급조치를 발동했지요. 유신 헌법은 국가의 안전 보장과 관련하여 중대한 사태가 발생했다고 판단될 때 긴급조치는 내릴 수 있는 권한을 대통령에게 주었습니다. 긴급조치의 내용 중에는 판사의 영장 없이도 국민을 체포하고 가둘 수 있는 권한이 포함되어 있었습니다. 이는 국민의 자유를 심각하게 침해할 수 있는 법이었습니다.

유신 체제는 1977년 한 차례 위기를 맞았습니다. 그 해 초에 취임한 미국의 카터 대통령은 한국의 열악한 인권 상황을 비판했습니다. 카터 대통령은 박정희 대통령을 압박하기 위해 주한 미군을 철수하겠다고 하였지요. 한국 정부와 미국 정부는 심한 갈등을 겪게 되었습니다. 미국 정부의 움직임에 힘을 얻은 저항 세력은 다시 유신 체제를 반대하는 시위를 벌였습니다. 정부는 이에 더 강력한 탄압으로 맞섰습니다.

1979년에는, 훗날 대통령이 된 김영삼이 야당의 당수로 뽑히면서 재야 세력과 힘을 합해 저항에 앞장섰습니다. 그해 9월 김영삼은 뉴욕 타임즈와의 회견에서 미국 정부가 공개적이고 직접적으로 한국 정부를 압박해야 한다고 말했습니다. 그렇게 하여 한국 정부를 통제해야 한다는 것이었지요. 정부와 여당은 이 발언을 문제 삼아 김영삼을 국회의원직에서 제명하였습니다.

1979년 10월 중순, 야당과 국민들의 분노가 기어이 폭발하고 말았습니다. 부산, 마산 등에서 대학생 시위가 일어났는데 일반 시민들까지 가담하는 소요 사태로 커지게 되었지요. 그곳 시위 현장을 둘러본 중앙정보부장 김재규는 민심이 이미 유신 체제에서 떠났다고 판단했습니다. 김재규는 10월 26일 서울 궁정동 안전 가옥 만찬에서 박정희 대통령을 시해했습니다. 이로써 박정희 시대 18년, 유신 체제 7년이 모두 막을 내리게 되었습니다.

박정희 대통령을 생각하면 경제 발전과 10월 유신만을 떠올리기 쉽습니다. 그런데 그가 목표로 삼은 '조국 근대화'는 경제적으로 잘 살게 되는 것만을 뜻한 것이 아니었습니다. 박정희 대통령은 일제강점기를 살면서 식민지 국민으로서의 우리 민족의 병폐를 체험했습니다. 그러면서 그는 자주 정신과 명예심이 부족하고 게으른 민족성이 우리 스스로를 가난에 허덕이게 하고 식민지 국민으로 전락하게 만들었다고 판단했지요. 그래서 그는 우리 사회와 국민이 근본적으로 바뀌기를 원했습니다. 그런 그의 바람이 구체적으로 나타난 것이 바로 '근면, 자조, 협동'을 기본 정신으로 한 새마을 운동이었습니다.

박정희 대통령의 업적 가운데 빼놓을 수 없는 것은 민족 문화 중흥에 대한 각별한 애정과 노력이었습니다. 박정희 대통령은 경제 개발과 함께 문예 중흥 5개년 계획도 펼쳐나갔습니다. 그 결과 수많은 문화재가 발굴, 복원되었고 그것들은 지금 우리에게 민족적 자부심을 높이고 조상들의 국난 극복 정신을 본받을 수 있는 교육의 장이 되었습니다. 또 문화 예술의 국제 교류를 적극적으로 하여 문화 한국의 위상을 드높이겠다는 문예 중흥 계획의 목표는 오늘날 우리가 자랑스럽게 여기고 있는 한류의 탄탄한 밑받침이 되어주었습니다.

1972년 박정희 정부는 북한 정권과 대화도 시도하였습니다. 이는 냉전의 긴장이 해소되어가는 세계적인 흐름에 따른 것이었지요. 박정희 정부는 그 해 7월 북한과 비밀리에 접촉하여 합의된 내용을 공동 성명(7·4 공동 성명)으로 발표하였습니다. 이 성명에는 평화 통일과 민족의 대 단결, 상호 비방과 무력 도발 금지 등의 내용이 담겨 있었습니다. 이후 남북 사이의 대화가 더 이상 앞으로 나아가지는 못했습니다. 하지만 7·4 공동 성명은 남북한이 무력 통일을 포기하고 자주적·평화적 통일을 이루자고 합의한 첫 시도였다는 점에서 중요한 의미를 가지고 있습니다.

44
신군부 치하의 비극, 5·18 민주화 운동

박정희 대통령이 사망한 직후 전국에는 비상 계엄령이 내려졌습니다. 대통령의 갑작스러운 죽음으로 나라는 큰 혼란에 빠졌지요. 유신 헌법에 따라 당시 국무총리이던 최규하가 대통령 권한 대행이 되었고 12월 6일 통일주체국민회의는 최규하를 대통령으로 선출하였습니다.

하지만 권력의 빈 자리를 차지하기 위해 정치인들과 군부의 엘리트들이 싸움에 뛰어들었습니다. 육군 참모총장이었던 정승화는 계엄사령관으로서 당시 군부의 우두머리였습니다. 그런데 대통령 시해 사건의 합동수사본부장을 맡았던 전두환을 중심으로 또 다른 군인 세력이 힘을 키우고 있었지요. 1979년 12월 12일 전두환 세력은 대통령과 국방장관의 승인 없이 국방부를 습격하여 정승화 계엄사령관을 체포했습니다. 이로써 전두환은 군부의 모든 실권을 손에 쥐게 되었지요. 이렇게 새로 등장한 권력의 실세는 신군부라고 불리

◀ 국립5·18민주묘지.

게 되었습니다.

그 다음 해 2월 윤보선, 김대중, 김영삼 등 유신 체제에 저항해온 정치인들의 공민권이 회복되었습니다. 또 봄에는 억눌려 있던 민주화에 대한 요구가 분수처럼 솟아올랐지요. 유신 반대 시위 등 저항을 하다가 감옥에 갇혔거나 학교에서 쫓겨났던 많은 학생이 학교로 돌아왔습니다. 학생들은 계엄 해제와 신군부가 물러나기를 요구하며 집회와 시위를 벌였습니다. 5월이 되어서도 최규하 대통령이 별다른 움직임을 보이지 않자 학생들은 거리로 쏟아져 나왔습니다. 5월 14일부터 이틀 동안 서울역 광장에서는 10만여 명의 학생이 시위를 벌였습니다.

▼5·18 민주화운동은 전남대학교 교문 앞에서 벌어진 계엄군과 대학생 사이의 다툼에서 시작되었다.

하지만 신군부는 사회 불안을 안정시킨다며 오히려 비상 계엄을 전국으로 확대했습니다. 또 국회와 정당들을 해산하고 모든 정치 활동을 금지했습니다. 김대중, 김영삼 등 정치인들도 다시 갇히게 되었지요. 대학에는 휴교령이 내려졌고 교문 앞에서는 계엄군이 학생들의 등교를 막았습니다.

5월 18일 오전 광주광역시 전남대학교 교문 앞에서 계엄군과 대학생 사이에 다툼이 벌어졌습니다. 등교를 막는 계엄군 공수부대에 학생들이 돌을 던졌고 군인들은 학생들을 쫓아가 때리고 그들을 체포했습니다. 전남대 학생 1천여 명은 이에 항의하여 계엄 해제 구호를 외치며 파출소를 습격했지요. 이를 진압하는 과정에서 민간인 한 명이 사망하고 수십 명이 부상을 입었습니다. 이 사건으로 5·18 민주화운동이 시작되었습니다.

그 다음날 시위는 더욱 격렬해졌습니다. 시위대는 화염병, 돌 등을 던지는 것은 물론 기름통에 불을 붙여 경찰들에게 굴려 보내기도 했지요. 또 공수부대의 장갑차를 빼앗으려고 했는데 이를 막기 위해 공수부대 장교가 위협 사격을 했습니다. 광주에서 계엄군이 처음으로 총을 쏜 것입니다. 이날 시위에서 민간인이 또 한 명 사망했습니다. 시위대는 물론 군인과 경찰도 수십 명 부상을 입었습니다.

광주 시내에는 악성 루머가 돌아 시민들의 감정을 자극했습니다. 시내 곳곳에서 수십 명이 죽었으며 공수부대가 공산당보다 훨씬 무자비하게 진압한다는 소문이 돌았습니다. 일부러 경상도 출신 계엄군을 투입해서 더 악랄하게 진압한다며 지역 감정을 부추기는 소문도 있었지요.

20일 광주시의 상점들은 거의 문을 닫았고 중·고등학교도 임시 휴교에 들어갔습니다. 시내에는 광주 시민들을 자극하는 전단이 뿌려졌습니다. 오후 네 시경 광주 금남로에 모인 시위대의 수는 2~3만 명에 달했습니다. 분노한 택시 기사 100여 명이 택시를 몰고 와 시위에 참가했습니다. 전남도청 앞에서는 치열한 공방전이 벌어졌고 시위대는 경찰서, 소방서, 방송국을 공격하였지요. 광주의 대부분 지역이 시위대에 의해 점거되었고 공수부대는 전남도청과 조선대에 모여 시위대와 대치하였습니다.

시위는 점점 더 규모가 커지고 격렬해졌습니다. 시위대는 예비군 무기고에서 칼빈 소총을 빼앗아 무장했습니다. 시위대와 맞서게 된 공수부대는 경찰관과 군인들의 사망에 자극을 받아 실탄 지급을 요청하여 실탄을 받았습니다. 이로써 광주는 본격적인 전쟁터가 되어버렸지요.

가장 비극적인 사태는 6월 21일 전남도청 앞에서 일어났습니다. 시위대가 빼앗은 장갑차 한 대가 도청을 방어하고 있던 공수부대를 덮쳐 군인 한 명이 죽었습니다. 뒤이어 시위대의 버스도 공수부대원들을 향해 돌진했지요. 공수부대는 시위대를 향해 총을 쏘았습니다. 이날 민간인과 군인, 경찰 등 40여 명이 목숨을 잃었고 도청은 시위대의 손에 넘어갔습니다.

이렇게 매일 유혈 사태가 계속되자 온건파 시민 대표들은 무기를 반납하고 도청에서 철수할 것을 주장했습니다. 그러나 강경파는 최규하 정부 퇴진, 계엄령 즉각 해제, 전두환 처단 등의 요구 조건이 받아들여지지 않으면 무기를 내놓을 수 없다고 버텼습니다. 결국 온건파는 도청에서 철수하고 강경파만이 남았습니다. 6월 27일 계엄군이 전남도청에 쳐들어가 끝까지 도청에 남아 있던 시민군을 진압했습니다. 이로써 5·18 민주화운동이 막을 내렸습니다. 1995년에 발표된 '5·18 관련 사건 수사 결과'에 따르면 열흘 동안 250명에 가까운 많은 사람이 목숨을 잃거나 행방불명되었습니다.

45
나라 안팎을 가리지 않고 이어진 북한의 도발

1980년 5월 31일, 신군부의 전두환은 국가보위비상대책위원회(국보위) 상임위원장에 취임하면서 권력의 중심에 섰습니다. 신군부는 유력 정치인을 체포하고 170여 개의 정기간행물을 폐간했습니다. 400여 명의 언론인을 해고하고 정권에 비판적인 교수들을 대학에서 쫓아냈지요. 그 해 9월 김대중은 내란음모 혐의로 사형 판결을 받았고 자택에 갇혀 있던 김영삼은 정계에서 은퇴했습니다. 최규하 대통령은 자리에서 물러났고 8월 말, 통일주체국민회의는 전두환을 대통령으로 선출했습니다.

사형이 확정되었던 김대중은, 전두환이 대통령으로 선출된 후 곧바로 무기 징역으로 감형되었습니다. 미국은 김대중을 처형하지 않는 대가로 전두환 대통령을 공식 초청하였습니다. 이로써 전두환 정부는 미국의 승인을 얻게 되었지요.

◀판문점 공동경비구역에 있는 돌아오지 않는 다리. 북한의 도끼 만행 사건은 이 구역 안에서 일어났다.

전두환 정부는 처음 2년 동안은 강압적으로 나라를 다스렸습니다. 대학에는 언제나 사복 입은 형사들이 지키고 있다가 시위가 일어나면 곧바로 주동자를 잡아갔습니다. 그러다가 사회와 경제가 어느 정도 안정되자 전두환은 통치 방법을 부드럽게 바꿨습니다. 대학에서 쫓겨난 교수와 학생들이 돌아올 수 있었고 정치 활동도 자유로워졌습니다. 이후 사상과 이념의 자유가 허용된 대학가를 중심으로 좌익 이념이 활발하게 퍼지게 되었지요.

출판계에서는 금서였던 공산주의 고전 도서들이 앞 다투어 출간되었습니다. 좌익 이념에 빠진 사람들은 1980년대의 한국이 미국의 지배 아래 있는 식민지 상태라고 여겼습니다. 그래서 미 제국주의와 그를 따르는 지배 계급을 타도하는 민중·민족 혁명을 일으켜야 한

▼통일주체국민회의 대의원들은 장충체육관에 모여 전두환을 대통령으로 선출하였다.

다고 주장했지요.

　이들의 역사관과 현실을 보는 눈은 한국 사회의 발전 과정과 중산층 시민의 생활 양식과 완전히 동떨어진 것이었습니다. 그럼에도 불구하고 전두환 정부가 정권을 잡는 과정에서 일으킨 유혈 참극과 강압적 통치, 또 그에 미국이 협조했다는 견해 때문에 이런 역사관이 성장할 수 있었습니다.

　대한민국 사회가 발전과 변화를 거듭하고 있던 시기에도 북한은 끊임없이 남한을 도발해왔습니다. 대통령을 직접 노린 사건도 두 번이나 있었고 장소도 나라 안팎을 가리지 않았습니다.

　1974년 8월 15일 서울 국립극장에서 열린 광복절 기념식에서는 대통령을 저격하려던 사건이 일어났습니다. 그날 기념식에는 박정희 대통령 부부가 참석하고 있었지요. 기념식장에 들어온 조총련계 재일 동포 문세광은 연단에서 기념사를 하던 박정희 대통령에게 총을 쏘았습니다. 조총련은 재일본조선인총연합회의 줄인 말로, 일본에서 사는 친북 성향 동포들의 모임입니다. 이때 박정희 대통령은 연단 아래로 몸을 숙여 무사했지만 무대 위 의자에 앉아 있던 대통령 부인 육영수 여사는 총탄에 맞아 세상을 떠났습니다. 문세광은 현장에서 체포되어 4개월 후 사형에 처해졌습니다.

　1976년 8월 18일에는 북한군이 미군을 도끼로 살해하는 끔찍한 사건이 벌어졌습니다. 당시 미군은 판문점 공동 경비 구역 안에서 미루나무 가지치기를 하고 있었지요. 이 사건이 터지자 주한 미군과 한국군은 바로 전투 태세에 들어갔습니다. 전쟁의 위기가 높아지자 북한도 더 버틸 수가 없었습니다. 김일성은 8월 21일 잘못을 인정하는 사과문을 공식적으로 발표했지요. 남북한의 문제로 김일성이 공식 사죄한 것은 그때가 처음이었다고 합니다.

1983년 10월 19일에는 우리나라의 중요 관리들이 한꺼번에 희생되는 비극적인 사건이 일어났습니다. 미얀마를 공식 방문 중이던 전두환 대통령은 미얀마의 독립운동가인 아웅산의 묘지를 참배할 예정이었는데 교통 체증으로 30분 늦게 되었지요. 그런데 먼저 도착한 공식 수행원들이 서 있던 묘지 건물 지붕에서 폭탄이 터졌습니다. 사전 점검을 위해 애국가를 틀었는데 북한 인민무력부 정찰국 소속 공작원들이 대통령이 도착한 것으로 착각하고 폭탄을 터뜨린 것입니다. 그날 테러로 서석준 부총리, 이범석 외무장관, 김재익 경제수석비서관 등을 포함한 열일곱 명이 목숨을 잃고 수십 명이 부상을 당했습니다. 미얀마 당국은 현장에서 북한 공작원 한 명을 사살하고 두 명을 사로잡아 범행을 자백 받았습니다. 이후 미얀마는 북한과의 외교 관계를 끊었습니다.

1987년 11월 29일에는 북한이 우리 민간 여객기를 폭파한 엄청난 사건도 일어났습니다. 당시 이라크의 바그다드를 떠나 서울로 오던 대한항공 여객기에는 승객과 승무원 115명이 타고 있었습니다. 이 비행기는 미얀마의 앤다만 해역 상공에서 폭발했습니다.

테러라고 여긴 수사 당국은 아랍에미레이트 아부다비 공항에 머물렀을 때 내린 승객 두 사람을 용의자로 지목하였습니다. 일본인 부녀로 가장한 이들은 로마 공항에서 체포되었습니다. 조사가 시작되자 두 사람은 감추고 있던 극약을 삼켜 자살을 시도했지요. 남자는 그 자리에서 죽었지만 김현희라는 여자는 목숨을 건졌습니다. 두 사람은 북한에서 고도의 훈련을 받고 파견된 특수 공작원이었습니다. 이들은 그 다음 해 서울에서 개최 예정이던 88올림픽을 방해할 목적으로 끔찍한 범행을 저지른 것입니다.

북한은 이후에도 크고 작은 도발을 계속했지요. 하지만 대한민국은 흔들리지 않고 1988년 서울 올림픽을 성공적으로 치러냈습니다. 서울 올림픽은 160개국이 참가한, 역사상 최대 규모의 올림픽이었습니다. 서울 올림픽 이후 대한민국은 정치·경제·문화적으로 세계 열강의 지위에 오르는 바탕을 마련하게 되었습니다.

46
6·29선언으로 되찾은 대통령 직선제

1985년 1월 미국으로 망명한 김대중과 김영삼은 함께 신민당을 만들었습니다. 신민당은 대통령 직선제로의 개헌을 선거 공약으로 내세워 국민들의 호응을 받았지요. 창설된 지 한 달도 지나지 않아 실시된 제12대 국회의원 선거에서 신민당은 집권 여당을 바짝 따라잡을 정도로 높은 득표율을 만들어냈습니다. 그만큼 대통령 직선제에 대한 우리 국민의 열망이 높았던 것입니다.

서울 올림픽이 개최되기 한 해 전이던 1987년 4월, 전두환 대통령은 이른바 '4·13호헌 조치'를 선언했습니다. 자신의 임기가 1년도 남지 않아서 임기 중에 헌법을 고칠 수 없으므로 이제까지의 헌법대로 다음 대통령을 뽑고 그에게 정권을 넘기겠다는 선언이었습니다.

◀ 국회의사당 평화와 번영의 상.

당시 국민들이 바라는 바는 대통령을 스스로의 손으로 뽑는 대통령 직선제를 부활시키는 것이었습니다. 그런데 기존에 있던 헌법대로라면 국민들은 대통령 선거인단인 통일주체국민회의 대의원을 뽑는 데 그쳐야 했지요. 또 그런 식으로 대통령 선거를 하면 전두환이 후임자로 내세운 노태우가 대통령에 뽑힐 가능성이 높았습니다. 그런 저런 이유로 대다수의 국민은 이 선언에 반발했습니다. 국민들은 대통령 직선제를 민주주의의 상징으로 여기고 있었던 것입니다.

이 선언이 발표된 지 한 달 후, 박종철이라는 대학생이 고문당하던 끝에 사망하는 사건이 벌어졌습니다. 공산주의 활동을 했다는 혐의였지요. 그런데 경찰은 이 사건을 축소하고 조작하려 했습니다. 그러다 사건의 전체 모습이 드러나게 되었습니다. 이때 김영삼, 김대중이 이끄는 야당과 재야 운동권은 고문 살인을 숨기려 했던 것을 규탄하는 대규모 시위를 벌였습니다. 대학생들까지 합세하여 시위는 시간이 갈수록 더욱 격렬해졌습니다.

6월초, 연세대 학생 이한열이 학교 앞에서 시위에 참가했다가 의식불명으로 쓰러지는 사건이 발생하였습니다. 경찰이 발사한 최루탄에 머리를 맞은 것입니다. 그는 병원으로 옮겨졌지만 끝내 숨지고 말았습니다.

박종철·이한열의 사망은 일반 시민들을 크게 자극하였습니다. 그 영향으로 6월 10일 서울시청 광장에서 대규모 시위가 열렸습니다. 이 시위에는 이제껏 시위에 별 관심을 두지 않았던 30대 화이트칼라 직장인들도 대거 참여했습니다. 박종철·이한열의 사망과 같은 인권 유린 사건에 크게 자극을 받았기 때문입니다. 넥타이를 맨 직장인들이라는 뜻에서 그들을 '넥타이 부대'라고 부르기도 했지요. 그 점에서 1987년 6월에 있었던 대규모 시위는 자유와 인권을 추구한 국민적 민주주의 운동이었습니다.

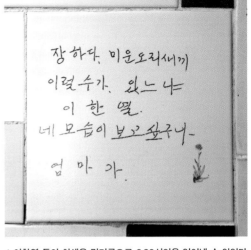

▲ 이한열 등의 희생을 밑거름으로 6·29선언을 얻어낼 수 있었다. (이한열 기념관, 서울 마포구 신촌로).

개헌을 요구하는 국민 시위는 전국으로 퍼져나갔습니다. 집권 세력은 두 가지 방법 중 하나를 선택해야 하는 상황에 놓였습니다. 하나는 군대를 동원하여 시위를 강경 진압하는 것이고 다른 하나는 국민들에게 양보하여 직선제 개헌을 하는 것이었습니다.

1987년 6월 29일 당시 집권당이었던 민정당의 대통령 후보 노태우는 야당과 국민들의 요구를 대폭 수용한다고 선언하였습니다. 바로 6·29선언입니다. 6·29선언의 핵심 내용은 대통령 직선제의 부활이었지요. 이 선언 덕분에 건국 이후 최초로 여당과 야당이 원만하게 합의를 이룬 헌법 개정이 이뤄졌습니다. 그해 10월, 제9차 헌법 개정안이 국민투표를 거쳐 확정되었습니다. 이 개정안에는 대통령 선거를 국민 직선제로, 대통령 임기는 5년으로 바꾼다는 내용이 담겨 있었습니다.

1987년 12월에 실시된 대통령 선거에서 민정당의 후보 노태우가 대통령에 뽑혔습니다. 당시 대다수의 국민이 직선제 개헌을 이뤄낸 김영삼과 김대중을 지지했습니다. 하지만 이들은 후보 단일화에 실패했지요. 국민들의 표는 양쪽으로 나뉘고 그 결과 신군부 출신의 노태우가 '국민의 손으로 직접 뽑은' 대통령이 되었습니다. 1988년 2월 노태우가 제13대 대통령에 취임함으로써 제6공화국이 시작되었습니다. 제6공화국은 지금까지 이어져오고 있습니다.

목숨을 걸고 투쟁하여 6·29선언까지 이끌어냈던 민주화 세력은 신군부가 다시 집권한 상황을 받아들이기 어려웠습니다. 하지만 노태우는 엄연히 국민의 보통선거라는 정당한 절차에 의해 권력을 잡은 대통령이었습니다. 또한 전두환은 선거로 뽑힌 후임 대통령에게 자리를 물려준 우리 헌정사 최초의 대통령이 되었습니다.

▼ 국회의사당. 6·29선언으로 건국 이후 최초로 여당과 야당이 원만한 합의를 이룬 헌법 개정이 이뤄졌다.

6·29선언 이후 대한민국의 민주주의는 한층 폭넓은 발전을 했습니다. 정치뿐만 아니라 경제·사회 구조도 서서히 민주화의 길을 걷게 되었습니다. 물론 대한민국 앞에는 아직 멀고도 험한 길이 펼쳐져 있습니다. 분열과 갈등도 좀처럼 가시지 않습니다. 하지만 대한민국은 이미, 웬만한 나라 안팎의 도전에는 흔들리지 않는 힘을 갖춘 나라가 되었습니다. 경제 성장으로 사회의 안정을 이루었고 이 번영된 나라를 지키려는 애국 시민들이 자신의 할 일을 굳건하게 다 하고 있는 덕분입니다.

47
성공적으로 이뤄진 서울 올림픽과 북방 외교

16년 만에 다시 실시된 대통령 직접 선거에서 국민의 손으로 뽑은 대통령은 노태우입니다. 직접 선거로 노태우가 대통령이 되었지만 국민들은 여전히 군사 정권을 청산하지 못했다고 생각했지요. 노태우 대통령은 전두환 대통령과 육군사관학교 동기동창으로 절친한 친구였고 사단장 재임 시절 신군부 세력의 12·12군사정변에 가담했던 인물이기 때문입니다.

이런 국민들의 불만은 1988년의 국회의원 선거에서 바로 드러났습니다. 집권 여당인 민주정의당은 전체 국회의원 의석 299석 중 125석을 얻었을 뿐입니다. 과반수인 149석에 훨씬 못 미치는 숫자였지요. 야당은 김대중의 평민당, 김영삼의 민주당, 김종필의 공화당 순으로 의석을 차지했습니다. 여당의 수가 야당보다 적은 여소야대 현상이 대한민국 역사상 처음으로 일어난 것입니다.

◀ 올림픽공원 세계 평화의 문(서울 송파구 올림픽로). 88서울 올림픽은 전 세계 화합의 상징이 되었다.

여소야대의 국회가 되면 대통령은 정국을 이끌어나가는 데 많은 문제를 겪게 됩니다. 대통령의 편에서 일하는 여당의 힘이 약하면 대통령이 내놓은 의견이 국회에서 야당의 반대로 발목을 잡히는 일이 자주 발생하기 때문이지요. 노태우 대통령은 이 어려운 정국을 풀어나가기 위해 야당과 힘을 합하기로 했습니다.

노태우 대통령은 1990년 초 김영삼과 김종필과 교섭하여 민정당, 민주당, 공화당을 합해 민주자유당을 탄생시켰습니다. 이른바 삼당 합작을 이룬 것이지요. 이로써 여대야소의 안정적인 정국을 만들어 낸 노태우 정부는 5년 동안 많은 일을 이뤄낼 수 있었습니다.

그 첫째는 바로 88서울 올림픽을 성공적으로 치러낸 것입니다. 서울 올림픽에는 우리 국민뿐만 아니라 전 세계 사람들이 큰 기대와

▼ **국립현충원**(서울 동작구 현충로). **소련이 붕괴되고 냉전은 끝났지만 냉전의 아픔은 곳곳에 남아 있다.**

관심을 가졌습니다. 서울 올림픽 바로 전에 있었던 미국 LA 올림픽이나 소련의 모스크바 올림픽 둘 다 자유 진영 또는 공산 진영만 참가한 반쪽 올림픽이었습니다. 그런데 서울 올림픽에 와서 12년 만에 전 세계 사람들이 화합하는 올림픽이 되었던 것이지요. 전 세계 160개 국에서 1만 3천6백여 명이 참가한 서울 올림픽에서 대한민국은 종합 4위를 차지했습니다. 서울 올림픽을 성공적으로 치러냄으로써 대한민국의 이름은 세계적으로 널리 알려지게 되었고 우리나라는 선진국으로 나아가는 발걸음을 성큼 내딛게 되었습니다.

노태우 정부 때 일어난 또 다른 큰 사건은 공산권의 우두머리 자리를 차지하고 있던 소련이 붕괴되고 중국이 개혁 개방의 길을 걷게 된 것입니다. 이에 따라 우리 정부는 긴밀한 북방 외교를 펼쳤지요. 1988년 7월 중공(중국 공산당)을 중국이라고 공식 호칭을 바꾸겠다는 발표를 했고 1989년 2월에는 공산권 국가로는 처음으로 헝가리와 공식 수교를 맺었습니다. 2월 27일 부시 미국 대통령이 방한하여 한·미 정상회담을 가졌고 우리나라의 북방 정책에 미국도 공식적으로 지지했습니다.

1991년 크리스마스에 소련(소비에트 사회주의 공화국 연방)은 고르바초프의 해체 선언 연설과 함께 붉은 광장에 게양되어 있던 소련의 국기를 내리고 러시아 삼색기를 올렸습니다. 이로써 공식적으로 소련은 해체되고 곧바로 소련의 15개 공화국이 독립하였지요. 이렇게 소련은 붕괴되고 냉전이 끝났습니다. 우리나라는 과거의 원한을 접어 두고 러시아와 수교를 했습니다. 또 1992년 8월에는 중국과도 국교를 맺었습니다. 이로써 82년 만에 중국과의 관계가 공식적으로 회복되었습니다.

이어서 사회주의 국가였던 몽골 및 베트남과도 대사급 외교 관계를 수립하였고 옛 소련에서 독립한 신생국 카자흐스탄, 우즈베키스탄, 키르기스스탄, 투르크메니스탄, 아제르바이잔, 벨로루시, 아르메니아, 조지아 등과 국교를 맺었습니다. 또 옛 유고슬라비아에서 독립한 크로아티아, 슬로베니아와 수교하였고 그 밖에도 남아프리카 공화국, 탄자니아 등 1992년에만 모두 18개국과 수교하여 총 수교국 수가 170개 국으로 늘어났습니다. 그 어느 때보다 활발한 외교 활동을 펼친 것이지요.

남북 대화도 원활하게 이루어졌습니다. 1988년 7월에는 '7·7선언'이라 불리는 '민족 자존과 통일 번영을 위한 대통령 특별 선언'을 발표했습니다. 6개항으로 된 이 선언에는 남북 동포의 상호 교류 및 해외 동포의 남북 자유 왕래 개방, 이산가족 생사 확인 적극 추진, 남북 교역 문호 개방, 비군사 물자에 대한 우방국의 북한 무역 용인, 남북 간의 대결 외교 종결, 북한의 대미·일 관계 개선 협조 등의 내용이 담겨 있습니다. 이 선언 후 우리 정부는 대북 비난 방송을 중단했으며, 남북 대학생들의 국토 순례 대행진을 북한 측에 요구하기도 했습니다.

1989년에는 '한민족 공동체 통일 방안'을 제시하여 새로운 통일 논의를 불러 일으켰지요. 1990년 1월 연두 기자 회견에서 연세가 높은 이산 가족 왕래와 금강산 공동 개발 등을 제의했습니다. 1991년 9월 16일 남북한이 유엔에 동시 가입하는 등 대북 정책에 큰 성과를 거두기도 했습니다.

노태우 정부 때 어떤 일이 일어났는지에 대해 잘 모르는 사람이 많습니다. 심지어는 그런 대통령이 있었는지 관심 없는 학생도 많습니다. 그러나 88서울 올림픽을 무사히 치러서 우리나라가 세계로 도약할 수 있는 계기를 만든 것이 바로 그 무렵의 일입니다. 또 지금 무역과 외교 등에서 뗄래야 뗄 수 없는 관계를 이루고 있는 중국과의 수교도 그때 이뤄졌습니다. 소련이 해체되어 냉전이 끝나고 러시아는 물론 동구권 여러 나라와 교류를 할 수 있게 된 것도 그때 일어난 일들입니다. 그러니 노태우 정부 때는 대한민국이 세계화 시대에 보다 적극적으로 발을 맞추어나간 중요한 시기라 할 수 있습니다.

48
지금 대한민국은 제6공화국이다

1993년 김영삼이 대통령으로 선출되었습니다. 이로써 대한민국 제6공화국의 두 번째 정부가 탄생하였습니다. 김영삼 이전까지는 대통령이 바뀔 때마다 공화국이 달라졌습니다. 이승만 대통령 때는 제1공화국, 윤보선 대통령 때는 제2공화국, 박정희 대통령 때는 제3공화국, 유신과 그에 이은 최규하 대통령 때는 제4공화국, 전두환 대통령 때는 제5공화국, 노태우 대통령 때는 제6공화국 하는 식으로 말이지요.

공화국은, 세습적으로 국가 권력을 이어받은 군주가 통치하는 군주제에 대응하는 정치 체제입니다. 일반적으로 국민에 의해 선출된 대표자가 국민으로부터 주권을 넘겨받아 통치하는 정부 형태를 뜻합니다. 그런데 공화국이라고 이름 붙었다고 무조건 권력이 모든 국민에게 있는 것은 아닙니다. 소수의 권력자가 통치하는 과두공화국이나 귀족공화국도 있으니까요.

◀ 조선총독부 건물을 철거하고 그 상징이었던 첨탑을 내려다보도록 일부러 시선 아래쪽에 전시하였다(독립기념관).

▲ 임진각 표지판. 김대중 대통령의 국민의 정부 때 '햇볕 정책'이라는 남북 화해 정책이 시작되었다.

우리나라는 헌법 제1조에 "대한민국은 민주공화국이다"라고 규정하고 있습니다. 대한민국은 군주제나 과두공화국, 혹은 귀족공화국이 아니라 국민으로부터 권력이 나오는 국가라는 뜻입니다.

공화국은 헌법 개정에 따라 구분됩니다. 일부만 개정했을 때는 제외하고 국가의 통치 체계가 완전히 바뀔 정도로 헌법을 개정했을 때 공화국이 바뀝니다. 1948년 제헌 헌법이 선포된 이래로 대한민국의 헌법은 아홉 번 개정되었습니다. 그 중에 제1차, 제2차, 제3차 개정은 그 개정 범위가 크지 않아 모두 제1공화국으로 분류하지요.

정치 체제를 이런 식으로 나누기 시작한 나라는 프랑스입니다. 프랑스는 1789년 대혁명 이후 왕이 다스리는 왕정 3회, 황제가 다스리는 제정 2회, 임시 정부 등 기타 정부 2회, 그리고 공화정을 5회 경험했습니다. 공화정이 중단과 부활을 거듭했는데 부활할 때마다 몇 공화정이라 불렀고 현재는 제5공화정이 유지되고 있습니다. 미국은 대통령의 이름을 따서 오바마 정부, 트럼프 정부 하는 식으로 구분합니다.

지금 대한민국은 제6공화국입니다. 1987년 6·29민주화 선언을 토대로 이뤄진 제9차 개헌 헌법이 유지되고 있는 것입니다. 그때 국민이 대통령을 직접 뽑는 국민 직선제가 도입되었고 대통령 임기를 5년 동안 한 번만 할 수 있는 5년 단임제로 바꾸었지요.

김영삼 정부부터는 어느 대통령의 임기인가를 구분하기 위해 별칭을 만들었습니다. 김영삼 대통령의 정부는 문민(文民) 정부라 불렸습니다. 30년 가까이 계속된 군인 출신 대통령 정부들과 차별화하기 위해 붙인 이름이지요. 김대중 대통령 때는 국민의 정부, 노무현 대통령 때는 참여 정부라 불렀고 그 이후에는 별칭 없이 이명박 정부, 박근혜 정부로 불렸습니다.

김영삼 대통령은 임기 초기 과감한 개혁을 펼쳤습니다. 고질적인 부정 부패를 막기 위해 공직자들의 재산을 등록하게 하고 금융 실명제를 실시했습니다. 김영삼 대통령은 자신과 가족들의 재산을 솔선수범하여 공개했지요. 이것이 "역사를 바꾸는 명예혁명"이라며 공직자들의 재산 공개를 이끌어냈고 마침내 법으로 만들어지도록 하였습니다. 또 모든 금융 거래는 실명으로만 할 수 있도록 하여 불법 지하 자금 형성을 막았습니다.

취임 직후부터 김영삼 대통령은 대한민국의 정통성 확립에 중점을 기울였고 이를 상하이 임시 정부에서 찾으려 했습니다. 그 일환으로 1993년 8월부터 중국에 있는 임시 정부 요인들의 유해를 모셔오는 사업을 추진했습니다. 일제 지배의 상징이던 조선총독부 건물의 철거도 결정했지요. 조선총독부 건물은 1995년 8월 15일 광복 50주년 경축식에서 총독부 건물 중앙 돔 랜턴을 해체한 것을 시작으로 철거 작업이 진행되었습니다. 현재 조선총독부 철거 잔해는 천안의 독립기념관에 전시되어 있습니다.

김영삼 대통령은 임기 말에 여러 가지 곤혹스러운 일을 겪었습니다. 외화 보유고가 급격히 줄어 국가 부도 위기에 빠졌으며 그 때문에 IMF로부터 구제 금융을 받아야 했지요. 흔히 1997년 무렵을 'IMF 때' 'IMF 시절'이라고 부르는데 이는 잘못된 말입니다. 그 시기를 일컬을 때는 '1997년의 외환 위기 때'라고 하는 것이 맞습니다. IMF는 회원국들의 금융 안정과 국가 간 자유 무역의 확대, 고용 및 지속가능한 경제 성장의 촉진을 목적으로 하는 국제 금융 기구일 뿐이기 때문입니다. 어쨌든 김영삼 대통령은 이런 어려움을 해결하지 못한 채 대통령직에서 물러나야 했습니다.

1998년 김대중 대통령의 국민의 정부가 출범했습니다. 김대중 대통령은 '햇볕정책'이라는 남북 화해 정책을 펼쳤습니다. 햇볕정책은 이솝 우화에서 따온 말이지요. 한겨울 나그네의 외투를 벗게 만드는 것은 강한 바람(강경 정책)이 아니라 따뜻한 햇볕(유화 정책)이라는 것입니다. 이 무렵 북한에 많은 원조를 해주고 북한의 김정일과 정상 회담을 하는 등 남북 화해 분위기가 조성되었고 그 공로로 김대중 대통령은 2000년 노벨 평화상을 받았습니다.

49

건국 대통령 이승만, 부국 대통령 박정희

"**역**사란 무엇인가?"

우리는 대부분 이 질문에 대한 정답을 알고 있다고 생각합니다. 그래서 이런 질문이 새삼스럽게 여겨지기도 합니다. 과연 역사란 무엇일까요? 많은 사람이 역사는 "조상들이 살았던 옛날 이야기"라고 대답합니다. 그런데 단지 옛날 이야기에 불과하다면 왜 그렇게 역사를 중요하게 여기는 걸까요? 왜 어른들은 역사 교과서 문제를 놓고 나라가 들썩일 정도로 싸움을 벌이는 걸까요?

역사는 단순한 옛날 이야기가 아닙니다. "조상들이 살았던 옛날 이야기를 바탕으로 우리의 미래를 비추는 거울"인 것입니다. 이는 되풀이된다는 역사의 속성 때문에 가능한 일이지요. 역사는, 우리가 어떻게 살아가야 실패하지 않을지에 대한 열쇠를 담고 있습니다. 그래서 역사를 제대로 배우는 것이 중요한 것입니다.

◀ **이승만 대통령이 선택한 자유민주주의 국가 체제는 오늘의 번영을 이룩하는 데 탄탄한 밑받침이 되었다**(부산 임시 수도 기념관).

지금 한국사 교과서 중 일부는 우리의 나라 대한민국을 부정하는 내용을 담고 있습니다. 그런 교과서를 통해 대한민국을 태어나지 말았어야 하는 나라, 부패와 독재로 얼룩진 부끄러운 나라로 가르치려는 것이요. 그런 교과서를 만드는 사람들은 대한민국을 자유민주주의 국가로 바로세우고 선진국으로 발돋움하게 한 두 대통령, 즉 이승만 대통령과 박정희 대통령을 깎아내리고 헐뜯기도 합니다. 게다가 그런 대통령이 다스린 그 역사 자체를 고통스럽고 부끄러운 역사로 만들어버리는 것입니다.

　　이승만 대통령은 대한민국의 건국 대통령이고 박정희 대통령은 오늘의 풍요를 이뤄준 부국 대통령입니다. 두 대통령과 함께 이뤄온 대한민국의 현대사 자체가 우리 국민의 자랑이지요. 1948년 대한민국이 건국될 때 이승만 대통령은, 온갖 반대와 방해 공작을 다 물리치고 반공에 기초한 자유민주주의 체제를 선택했습니다. 우리나라가 자유민주주의 정치 제도를 정착시키고 시장 경제 체제에 의한 경제적 번영을 이룩할 수 있었던 것도 모두 이 반공주의에 기초한 국가 정체성이 탄탄하게 뒷받침해준 덕분입니다.

　　이승만 대통령이 지키려 애썼던 대통령 직선제와 대통령 중심제는 지금까지 유지되고 있습니다. 4·19 이후 민주당 정부는 대통령 중심제를 버리고 내각책임제를 실시했지요. 하지만 이는 실패로 끝나고 다시 대통령 중심제가 복구되어 오늘에 이르고 있습니다. 게다가 대통령 직선제는 지금도 우리 국민이 가장 소중히 지키고자 하는 민주주의 제도입니다.

　　6·25전쟁 때 이승만 대통령은 미국을 고집스럽게 설득하여 한미

상호 방위 조약을 맺었습니다. 이 조약 덕분에 대한민국 국민은 평화로운 가운데 번영을 이뤄갈 수 있고 미국은 한국에서 성공하였기에 소련과의 냉전에서 승리할 수 있었습니다.

이승만 대통령의 또 다른 업적은 교육을 통해 국민의 삶의 질을 향상시켰다는 것입니다. 1950년대에 정부는 '교육 혁명'이라 할 정도로 풍부한 교육의 기회를 국민에게 제공했고 이에 호응하여 국민들은 놀라운 교육열을 보여주었습니다. 1949년 교육법이 제정되어 모든 국민은 그의 자녀를 초등학교에 보낼 의무를 지게 되었고 이후 취학률이 엄청나게 향상되었습니다. 일제강점기였던 1943년에 47%에 지나지 않던 취학률이 1960년에는 99.8%라는, 완전 취학 상태에 이르게 되었지요. 교육을 받은 국민이 늘어나면서 1960년대 이후 산업 현장에 적응할 수 있는 노동력을 많이 확보할 수 있게 되었습니다. 이 점도 고도의 경제 성장을 크게 뒷받침하였습니다.

박정희 대통령이 경제 개발 5개년 계획으로 우리나라를 잘 살게 했다는 데 다른 의견을 내놓는 사람은 없습니다. 그런데 우리가 잘 모르는 더 많은 업적이 있습니다. 그것은 박정희 대통령이 우리나라의 문화를 융성시키고 오늘의 한류의 기초를 만들었다는 것입니다. 그것도, 아무것도 없는 불모지에서, 먹고 살기도 빠빠한 시기에 그는 문화 발전을 생각했습니다. 그리고 그것이 우리의 전통 문화에 바탕을 두어야 하며 또 외화 획득에 도움이 되어야 한다고 생각했지요. 그래야만 우리 민족 고유의 문화가 발전하여 '세계 속의 한국'으로 나아갈 수 있고, 문화의 발전이 궁극적으로 민족 중흥의 발판이 된다는 점을 강조하였습니다.

▲ 박정희 대통령은 국적 있는 교육을 강조하며 '국민교육헌장'을 제정했다(박정희 대통령 기념관).

　　박정희 대통령은 또한 국적 있는 교육도 강조했습니다. 이를 위해 '국민교육헌장'을 제정하고 한국적 가치관의 정립과 체계화를 위해 한국정신문화연구원(지금의 한국학중앙연구원)을 창립했지요. 어찌 보면 지금 우리가 누리고 있는 거의 모든 문화적 혜택은 박정희 시대에 기초가 세워진 것이라고도 할 수 있습니다.

　　박정희 대통령 시대에는 '중흥'이라는 말이 자주 등장합니다. 1968년, 국민들의 정신 개혁을 위해 선포된 국민교육헌장도 "우리는 민족 중흥의 역사적 사명을 띠고 이 땅에 태어났다"라는 구절로 시작되고 문예 중흥 5개년 계획이 만들어진 것도 그 시대의 일입니다.

'중흥(中興)'의 사전적 의미는 "쇠약해지던 것이 다시 번성하여 일어남"입니다. 다시 일어나고 다시 세운다는 의미의 '중흥'은 애당초 '다시' 일으켜 세울 무엇인가가 있어야 가능하지요. 그러니 특히 '중흥'이란 말을 강조했다는 것은 우리 민족이 이미 가지고 있던 저력과 가능성을 박정희 대통령이 높이 평가했다는 증거로 볼 수 있습니다.

박정희 대통령은 잠들어 있던 우리 민족의 저력과 능력을 찾아내고 키우는 데 온 힘을 다 기울였습니다. 그래서 저마다 가진 그 힘을 조국의 융성을 위해 쏟아 붓도록 이끌었던 것입니다.

50
우리는 자랑스러운 대한민국의 국민이다

이제까지 우리 근현대사를 함께 살펴보았습니다. 1876년 강화
도조약 혹은 1894년 갑오개혁부터 근대가 시작되었다고 보
았을 때 150년이 채 안 되는 시간의 이야기였습니다. 5천 년 민족 역
사에 비하면 정말 짧은 세월이지요. 하지만 그 동안 우리 민족은 정
말 많은 변화를 겪었습니다. 신분 제도 등 이전에 있던 여러 가지 악
습이 사라졌지만 왕비가 일본인에게 죽임을 당하는 비극도 겪었습
니다.

근대 이후 우리는 황제가 다스리는 '제국'의 국민이 되기도 했
습니다. 하지만 36년 동안 남의 나라의 식민지가 되었던 혹독한 시
절을 지냈고 해방 후 남북한이 분단되는 민족 최대의 비극을 겪었
습니다. 그래도 아픔을 딛고 미 군정을 거쳐 1948년 드디어 대한
민국을 건국하여 자유민주주의 국가로서 그 이름을 내걸 수 있게
되었지요.

◀대한민국 국민들은 '한강의 기적'을 이뤄낸 저력을 지니고 있다(임진각 평화누리 공원).

그런데 그 기쁨을 제대로 누려보지도 못하고 6·25전쟁을 치렀습니다. 북한을 차지하고 있던 공산주의 세력이 남한으로 쳐내려온 것입니다. 그때 우리 조국은 완전히 만신창이가 되어버렸지요. 그런데 다시 일어설 힘조차 낼 수 없을 것 같았던 대한민국은 전쟁이 끝난지 10여 년 만에 경제 부흥을 이뤄냈습니다. '한강의 기적'이라는, 세계인이 다 놀라는 엄청난 일을 해낸 것입니다.

우리 대한민국이 이렇게 거듭된 위기를 딛고 일어설 수 있었던 것은 우리 국민의 성실함과 근면함, 높은 교육열 등이 바탕이 된 덕분이지요. 또 이승만·박정희 대통령 같이 애국심으로 국민의 저력을 이끌어낸 훌륭한 지도자들이 있었기에 가능한 일이었습니다.

▼태극기 집회. 국민을 위한 국회와 정부, 공정한 사법 기관과 언론, 선동에 휘둘리지 않는 국민이 대한민국을 지킬 수 있다.

2017년 대한민국은 열병을 앓았습니다. 국회에서 대통령을 탄핵하는 결정을 했고 헌법재판소가 그 결정을 인용한다는 최종 판결을 내렸습니다. 물론 대통령 탄핵 결정 이전, 혹은 대통령이 잘못을 저질렀다는 의혹을 받는 그 이전으로 시간을 돌릴 수 있다면 좋겠지요. 하지만 이미 일은 저질러졌고 상황은 여기까지 흘러와버렸습니다.

그렇다면 이 상황에서 무엇을 어떻게 하는 것이 국가와 우리 개인을 위한 최선의 길일까요? 그 해답은 생각보다 간단합니다. 헌법을 비롯한 다른 모든 법률에 따라 정당한 절차를 거쳐 문제를 해결해나가면 되는 것입니다. 헌법과 법률들은 우리 국민의 인권을 보호하고 다수가 행복할 수 있는 방법을 찾아서 만들어놓은 약속들이지요. 지금 일어나고 있는 많은 일에 대해서도 이미 그것들이 일어날 것을 대비하여 그 해결책을 법에 정해놓았습니다.

국회가 대통령의 탄핵 결정을 한 것도 이번이 처음은 아닙니다. 2004년 노무현 대통령이 공직선거법 등을 위반했다는 이유로 국회에서 탄핵을 당한 바 있습니다. 그때 헌법재판소에서 대통령의 위법 사항이 파면할 정도로 중대한 사안은 아니었다는 취지로 기각 결정을 하였지요. 당시 탄핵을 주도했던 세력은 여전히 노무현 대통령에 대해 실망하고 화가 나 있었지만 헌법재판소의 판결을 받아들였습니다. 그 덕분에 노무현 대통령은 임기를 무사히 마칠 수 있었지요.

'법대로', 헌정 질서를 지켜서 모든 일을 처리하고 그 결과가 자신의 뜻과 다르더라도 겸허히 받아들이는 자세를 갖춘다면 큰 무리가 없을 것입니다. 물론 검찰 등 사법기관에서 조사를 하고 법을 집행하는 과정에서 조작이나 인권 침해 등 위법을 저질러서는 절대 안 되지요. 언론은 자기 입맛에 맞는 사건만 편파적으로 보도하거나 사실과 다르게 조작·왜곡하는 짓은 절대 해서는 안 됩니다.

대통령 탄핵 결정을 헌법재판소가 하는 이유는 탄핵 소추가 헌법에 맞게 이뤄졌는가를 확인하기 위함입니다. 또 국가의 중요한 일을 입법·사법·행정으로 삼권 분립된 세 기관에서 치우침 없이 판정하라는 의미도 있지요.

그러니 헌법재판소는 대한민국의 헌법을 올바르게 해석하고 공정한 결정을 해야 합니다. "헌법재판소가 민심에 따라 결정한다"라는 식의 얘기는 우리나라의 법 질서를 흔들어놓겠다는 얘기나 다름없는 잘못된 말입니다. 또 무엇이 진정 나라를 위한 민심인지 제대로 알 수도 없지요. 광장에 모인 사람들의 목소리를 민심이라 판단하는 것도 위험한 일입니다. 모인 사람 수를 다 셀 수도 없고 목소리 큰 사람의 외침이 민심이라 할 수도 없기 때문입니다.

어쨌든 2017년 3월 10일, 대한민국 역사상 처음으로 대통령이 탄핵되어 파면된 불행한 일이 벌어졌습니다. 대통령을 지지하든 안 하든 한 나라의 국민으로서 이런 일을 겪는 것은 진심으로 슬픈 일입니다. 나라가 대통령 탄핵이라는 불미스러운 일에 휘말린 것도, 서둘러 새 대통령을 뽑아야 하는 비정상적인 상황도 겪지 않으면 더 좋을 안타까운 일들입니다.

하지만 혹시라도 다음에 또 이런 불행한 일을 겪게 된다면 여러분은 어떤 태도를 가져야 할까요? 우선 거리에 떠돌아다니는 말을 무조건 믿을 것이 아니라 스스로 생각하고 판단하는 능력을 길러야 합니다. 그렇지 않으면 '가짜 언론'에 휘둘리는 어리석은 사람이 되고 맙니다. 또 감정적으로 생각하지 말고 어떤 방향이 진정으로 나의 미래와 나라를 위하는 일인가를 이성적으로 생각해서 자신의 의견을 바로 세워야 합니다. 인권이고 법이고 다 무시하고 의혹만 가지고 무조건 사람을 잡아들인다든가 우리 경제의 핵심이 되는 시장 질서를 엉망으로 만드는 일도 경계해야 합니다. 그런 무법과 무질서가 허락되면 언젠가는 그 창끝이 나 자신에게도 돌아올 수 있다는 것을 생각하고 절대 그런 일을 용납해서는 안 됩니다.

헌정 질서가 지켜져야 우리 조국 대한민국이 유지될 수 있습니다. 거기에 당파나 개인의 이익이 아닌, 국가의 발전과 국민의 행복을 위해 일하는 국회와 행정부, 인권을 옹호하며 공정한 입장에 서는 검찰 등 사법기관, 조작과 왜곡 없이 공정 보도하는 언론, 선동에 휘둘리지 않고 현명한 자기 판단을 하는 국민이 갖춰져야만 대한민국은 진정한 선진국으로 자랑스럽게 자리하게 될 것입니다.

펭귄쌤과 함께 떠나는

우리 근현대사 여행

발행일 초판 1쇄 2017년 8월 25일

지은이 황인희

사진 윤상구

디자인 김정환

펴낸이 안병훈

펴낸곳 도서출판 기파랑

등록 2004년 12월 27일 제300-2004-204호

주소 서울시 종로구 대학로8가길 56 301호(동숭동 1-49 동숭빌딩)

전화 02)763-8996 편집부 02)3288-0077 영업마케팅부

팩스 02)763-8936

홈페이지 www.guiparang.com

이메일 info@guiparang.com

ISBN 978-89-6523-684-9 03910